LINHAS E DESALINHOS

HÉRCULES MAIMONE
LINHAS E DESALINHOS

Uma comovente
história de refugiados
políticos, exílio e
reinvenção
de propósitos

lura

Copyright © 2025 por Hércules Maimone. Todos os direitos reservados.

Gerentes Editoriais
Roger Conovalov
Aline Assone Conovalov

Gerente Comercial
Eduardo Carvalho

Coordenador Editorial
André Barbosa

Revisão
Hanne Krempi
Gabriela Peres
Mitiyo S. Murayama

Diagramação
Manoela Dourado

Capa
Lucas Melo

Todos os direitos reservados. Impresso no Brasil.
Nenhuma parte deste livro pode ser utilizada, reproduzida ou armazenada em qualquer forma ou meio, seja mecânico ou eletrônico, fotocópia, gravação etc., sem a permissão por escrito da editora.

CATALOGAÇÃO NA PUBLICAÇÃO
ELABORADA POR BIBLIOTECÁRIA JANAINA RAMOS – CRB-8/9166

DADOS INTERNACIONAIS DE CATALOGAÇÃO NA PUBLICAÇÃO (CIP)
(Câmara Brasileira do Livro, SP, Brasil)

M223L

Maimone, Hércules
  Linhas e desalinhos: uma comovente história de refugiados políticos, exílio e reinvenção de propósitos / Hércules Maimone. – São Caetano do Sul-SP: Lura Editorial, 2025.

  160 p.; 15,5 x 23 cm

  ISBN: 978-65-5478-224-1

  1. Refugiados. 2. Imigração. I. Maimone, Hércules. II. Título.

CDD: B869

Índice para catálogo sistemático
I. Refugiados

[2025]
Lura Editorial
Alameda Terracota, 215, sala 905, Cerâmica
09531-190 – São Caetano do Sul - SP – Brasil
www.luraeditorial.com.br

Mombyry asyetégui aju nerendápe romomorã seguí
ymaite guivéma reiko che py'ápe che esperansami

De muito longe venho junto a ti, minha querida, para ponderar
Há muito você vive em minha alma, em minha esperança e em minha fé.

Manuel Ortiz Guerrero

À Ercília Recalde Castro
A Campo Grande

LINHAS
E
DESALINHOS

Há que se enfrentar a vida e os seus desdobramentos com coragem, com a audácia de Danton. Assim é a vida para quem quer tirar proveito dela!

SUMÁRIO

Fronteira seca..............................**12**
Tordesilhas..................................**40**
O Rubicão....................................**68**
Greenwich....................................**82**

Las Siete 96
As profecias 116
Silêncio 132
Notas do Autor 150
Agradecimentos 154
Sobre o autor 159

FRONTEIRA SECA

Comecemos esta história com algumas aclarações com respeito às igrejas de Campo Grande frequentadas por *Doña* Ercília entre as décadas de 1930 e 1970.

A igreja matriz da cidade, dedicada a Santo Antônio, foi aberta em 1878. Era muito simples, feita de pau a pique, por iniciativa do fundador do Arraial de Santo Antônio de Campo Grande, o mineiro de Barbacena José Antônio Pereira. Ferrenho devoto do santo, Pereira escolheu a parte mais alta do vilarejo que não distasse tanto da confluência dos dois córregos da cidade, o Prosa e o Segredo. A pequena igreja foi convertida em paróquia em 1912 e demolida em 1922. Uma nova matriz foi erguida em seu lugar. Em 1977, foi demolida novamente, tendo seus bancos, portas de entrada, laterais e tudo mais vendidos aos interessados na época. Embora quisesse muito, Ercília não pôde comprar nenhuma relíquia, mas juntou algumas pedras do material de demolição do altar-mor e da pia batismal e guardou-as como peças sagradas dentro de seu oratório de madeira de lei e porta de vidro dedicado à padroeira do Paraguai, Nossa Senhora de Caacupé,[1] à Santa Luzia e a São Raimundo Nonato, e que mantinha com tanto respeito e veneração dentro de seu quarto. Uma nova Catedral Metropolitana foi construída no mesmo lugar. A Sé da Arquidiocese de Campo Grande é dedicada

---

1 Do guarani: detrás dos montes. É uma cidade da Cordilheira dos Altos, no Paraguai, e sede da basílica dedicada à Virgem Azul do Paraguai, outro nome dado a Nossa Senhora de Caacupé.

a Nossa Senhora da Abadia, padroeira da Catedral, e a Santo Antônio de Pádua, padroeiro da cidade. Foi consagrada em 1991 por ocasião da visita do papa João Paulo II à cidade.

A igreja do bairro de Santa Fé tem o nome de Paróquia do Sagrado Coração de Jesus, criada em 1992. A igreja é muito mais antiga. Foi instalada em 1967 juntamente a um posto de assistência social e de saúde que atendia à população das fazendas do entorno. Quando visitava as amigas que viviam nas terras do fazendeiro Autonomista, Ercília incluía uma parada à igreja e ao menos uma vez ao ano participava da quermesse para arrecadar fundos aos necessitados.

Nossa Senhora do Perpétuo Socorro, padroeira de Mato Grosso do Sul, pertence à Congregação do Santíssimo Redentor, os Redentoristas. Foi inaugurada pelo Bispo de Corumbá em 1941, no bairro Amambaí, um dos mais antigos da cidade. Ercília admirava a suntuosidade arquitetônica da igreja. *"De las más bellas de la ciudad"*,[2] dizia. Em 1999, foi elevada à categoria de Santuário.

Os salesianos são responsáveis, dentre outras, pela Capela de São José, criada em 1927, e pela Capela do Colégio Dom Bosco, inaugurada em 1939, rotineiramente frequentadas por Ercília pela proximidade que tinham com sua casa em Campo Grande. A primeira deu origem à Igreja de São José no centro da cidade, convertida em paróquia no ano de 1949.

Entre 1950 e 1956, os franciscanos construíram o belo conjunto arquitetônico da Paróquia e do Convento de São Francisco de Assis, no então bairro do Cascudo, outro dos bairros mais antigos da cidade. A inauguração da igreja mudou o nome do bairro de Cascudo para São Francisco. Era uma igreja muito frequentada pelos trabalhadores ferroviários da cidade por se situar próxima às áreas operacionais da estação de trens de Campo Grande. Também muito admirada e frequentada por Ercília.

---

[2] Do espanhol: das mais belas da cidade.

Os franciscanos capuchinhos encarregaram-se da construção e inauguração da Paróquia de Nossa Senhora de Fátima em 1964, no bairro Monte Líbano, que Ercília visitava furtivamente, em função da distância e da pouca frequência com que se dirigia para os altos do Monte Líbano.

— *Hijito, hijito, vente, vámonos. ¡Ya es hora! Ya le dice muchas veces que no podemos retrasarnos para que Dios nos bendiga. Yo, muy contenta por estar en Campo Grande otra vez. Recuerda que son siete las iglesias que tenemos que visitar en este Viernes Santo, mi amor. Don Porfirio nos llevará con su coche a la Iglesia de San José, a tu escuela a visitar la Capilla de San Juan Bosco, luego a la Iglesia de San Francisco, de ahí a Nuestra Señora del Perpetuo Socorro, siguen las Iglesias de Nuestra Señora de Fátima, de Santa Fe y terminamos en la Matriz de Santo Antonio. Si Dios quiera, y estoy segura de que lo quiere, regresamos antes del almuerzo para comernos el rico pescado de la cocina de tu mamá. Recuerda que hoy no podemos comer carne. Son las ocho de la mañana. A la una de la tarde ya debemos de estar otra vez por aquí, mi nieto.*

— Filhinho, filhinho, venha, vamos. Já está na hora! Eu já te disse muitas vezes que não podemos nos atrasar para receber as bençãos de Deus. Estou muito contente por estar em Campo Grande outra vez. Lembre-se de que vamos visitar sete igrejas nessa Sexta-Feira Santa, meu amor. Dom Porfirio nos levará com sua charrete à Igreja de São José, à tua escola para visitar a Capela de São João Bosco, depois para a Igreja de São Francisco, daí a Nossa Senhora do Perpétuo Socorro, logo às Igrejas de Nossa Senhora de Fátima, de Santa Fé, e terminamos na Igreja Matriz de Santo Antônio. Se Deus quiser, e eu estou segura de que ele quer, voltamos antes do almoço para comermos o saboroso peixe da cozinha de sua mãe. Lembre-se de que hoje não podemos comer carne. São oito da manhã. À uma da tarde já devemos estar outra vez por aqui, meu neto.

— Sim, vó. Já estou pronto!

Enquanto acompanhava os movimentos de minha avó Ercília, uma senhora sexagenária, alta, forte, vigorosa e determinada, pensava comigo: que loucura é essa? Vamos visitar sete igrejas na Sexta-Feira Santa, rezar em todas elas a mesma ladainha? Não bastaria ir a uma somente? Jesus Cristo e todos os Santos já se sentiriam felizes com a nossa presença em uma de suas casas. Por que sete? É muita dívida com eles, será? Duvido que todos os católicos visitem sete igrejas na Sexta-Feira Santa. Vão se cansar de tanto nos ver. Ainda mais vestida assim.

Chamava a atenção o tafetá que lhe tentava moldar o corpo em uma única peça monocromática, em geral de cores vivas, variações do vermelho. Em dias santos, naquele em especial, o aniversário de morte de Nosso Senhor Jesus Cristo, o vigor das cores fortes dava lugar ao recato. O aprecatado vestido preto cobria-lhe os joelhos e desnudava-lhe os grossos braços. Era acompanhado por sapatos altos, também pretos e fechados, machucados pelo uso. Brincos de ouro em formato de grandes argolas retorcidas e um vistoso rubi entalhado em um anel de ouro preso ao dedo anelar esquerdo conferiam-lhe nobreza. Sobre a cabeça, uma *mantilla española en encaje de seda negra*[3] que lhe cobria os ombros e o colo, escondendo a fita vermelha de cetim, representando o Apostolado da Oração, e assentada ao redor do pescoço com a medalha dourada do Sagrado Coração de Jesus como pendente sobre seu diafragma. Recendia seu clássico perfume de jasmim. O conjunto lhe desenhava uma aura de equilíbrio e segurança de alguém que chama a atenção mais pela admiração do que qualquer outra razão. Era uma autêntica viúva com sinais incontestáveis de um elegante respeito.

— *¡Me paso el colorete y ya!*   — Passo um batom e pronto!

---

3 Do espanhol: véu espanhol em renda de seda de cor preta.

À boca, levava um batom que lhe marcava os lábios em um vermelho exagerado e precisamente pintado sobre as linhas de suas fronteiras, acentuando-lhe o buço característico dos povos emigrados de Ibéria. O mesmo batom lhe alcançava as bochechas morenas e lisas apesar da idade, cuidadas apenas com água e rosa mosqueta em abundância desde a juventude. Espalhava-o em repetidos movimentos circulares e compassados, com uma admirável ambidestria. Sua criatividade e capacidade em produzir resultados com os escassos recursos que possuía eram espantosos. Mesmo com passos claudicantes, transbordava energia. O caminhar vacilante era resultado de um tombo levado em Assunção, no Paraguai, e tratado com os limites da medicina dos anos 30 do século passado, assim explicado por minha mãe. Mais tarde, descobriria que a razão de seu manquejar era outra. Eu precisaria de maturidade para entender a verdadeira história e a formação do caráter nada hesitante de Ercília. Dizer que foi um tombo era a maneira que minha mãe encontrou para responder de modo fácil e rápido às minhas perguntas.

Não havia o que ou quem lhe detivesse no cumprimento de seus propósitos. Aliás, esses nunca lhe faltaram. Estabelecia sua vida entre as cidades do Rio de Janeiro e de Campo Grande. De seus três filhos, havia escolhido viver perto *del varón, en la ciudad de la Baía de Buenabarra*,[4] alusão direta à Baía de Guanabara em seu dileto dialeto *portuñelesco* que, quando criança, aí pelos nove anos de idade, me fazia rir e, às vezes, até mesmo caçoar de seu jeito. Lembro-me muito bem de quando dizia:

— *Soy una paraguaya que vive en el barrio del Catete, en donde el presidente Getúlio Vargas, en una noche triste de agosto, mes de perros locos, se mató con un solo balazo en su corazón. ¡Pobrecito!*	— Sou uma paraguaia que vive no bairro do Catete, onde o presidente Getúlio Vargas, em uma noite triste de agosto, mês de cachorros loucos, se matou com uma só bala em seu coração. Pobrezinho!

---

4   Do espanhol: do homem, na cidade da Baía de Buenabarra.

A pronúncia da letra erre era carioca, gutural. Carregava o acento sobre as palavras com essa letra para indicar que estava falando o português: um chiste! Quando desandava a falar o castelhano ou o guarani, deixava de ser uma *carioquita* para pronunciar, com extrema proficiência, os fonemas das línguas oficiais paraguaias.

Muito vaidosa e inspirada por Chabuca Granda, famosa cantora e compositora peruana, Ercília achou em Carlos seu *caballero de fina estampa, un lucero!*[5] Combinava com a visão que tinha de si: *una flor de la canela.*[6]

> *Jazmines en el pelo y rosas en la cara,*
> *Airosa caminaba la flor de la canela,*
> *Derramaba lisura y a su paso dejaba*
> *Aroma de mixtura que en el pecho llevaba*[7]

O casamento com Carlos, ocorrido em 1935 na propriedade da família dela — Cañada Mi —, havia lhe deixado duas moças e um rapaz; além de eira e beira presenteados pelo pai que lhe pudessem fazer sombra à escaldante e árida vida de uma emigrante política, sem absolutamente nenhum vínculo com a terra que fora empurrada a viver, o Brasil.

Carlos era um homem simples que transparecia altivez por meio de secos olhos verde-azulados e uma aura de ascendência bávara. Sempre envergando um terno alto e bem-cortado, que cobrisse com precisão sua destacada estatura de quase dois metros e acomodasse o corpanzil magro e vigoroso. Os cabelos loiros eram cuidadosamente alinhados em um sentido reto, da testa à nuca, sem absolutamente nenhum fio que desobedecesse a essa disposição. As mãos para trás davam-lhe uma fleuma enigmática, quase

---

5 Do espanhol: cavalheiro de fina estampa, que tem luz própria! Famosa canção da cantora e compositora peruana Chabuca Granda.
6 Do espanhol: uma flor de canela. Famosa canção de Chabuca Granda.
7 Do espanhol (versos da famosa canção *La flor de la canela*, de Chabuca Granda):
"Jasmins sobre o cabelo e rosas em seu rosto,
Airosa caminhava a flor da canela,
Derramava lisura e aos seus passos deixava,
Aroma de mistura que em seu peito levava."

um pensador. Era um idealista, apaixonado pelo futebol e que vivia buscando *sacar la grande*: ganhar a sorte grande em jogos de azar. Desnecessário dizer quantas oportunidades desperdiçou na vida em favor de desiludidas apostas.

Moravam em Assunção e viviam essencialmente dos rendimentos de atividades pastoris que os pais dela lhes proporcionavam: *la ganadería*.[8] Ela buscava construir uma carreira política, com clara influência de diversos ramos da família de seu pai, os Recalde. Ele, ainda que com cartas às mãos sobre as mesas de bacará e pôquer, correndo pelas canchas de futebol ou derramado sobre as esconsas alcovas dos mais variados *bas-fonds*[9] da cidade, a apoiava com todo o seu garbo e gentileza. Carlos era um autêntico *bon vivant*, impulsionado pelo bolso do sogro após o casamento com Ercília, uma vez que não trazia posses de família nem o apreço por ganhar a vida pelos seus próprios suados esforços. Naturalmente, os acordes *entre el caballero de fina estampa y la flor de la canela*[10] desgastaram-se ao longo da vida e como os secos olhos verde-azulados de meu avô, *marchitaronse*,[11] feneceram.

Ercília era nascida em Villarrica — capital do departamento de Guairá, cidade mais próxima a Cañada Mi e o segundo centro cultural do país, depois da capital, Assunção. Carlos em Concepción — capital do departamento de mesmo nome, mais ao norte do país e porta de entrada do tão cobiçado território do Chaco.

Eram jovens *febreristas*, um movimento político revolucionário, conhecido como *Revolución Febrerista*, que depôs o presidente liberal Eusebio Ayala em 17 de fevereiro de 1936, após a Guerra do Chaco. O nome da revolução está associado ao mês de sua eclosão (*Febrero*, em espanhol).

---

8 Do espanhol: criação de gado bovino.
9 Do francês: zonas de prostituição de uma cidade.
10 Do espanhol: entre o cavalheiro de fina estampa e a flor da canela.
11 Do espanhol: murcharam-se.

A Guerra do Chaco, ocorrida entre 1932 e 1935, em que o Paraguai conquistou à Bolívia toda a parte norte de seu atual território, foi promovida por duas das grandes empresas mundiais de exploração, refino e comercialização de petróleo à época: a estadunidense Standard Oil e a anglo-holandesa Royal Dutch Shell. Ambas disputavam o direito de prospecção e de exploração sobre terras que jamais haviam sido precisamente demarcadas entre os dois países, mesmo em tempos de domínio da coroa espanhola, que possuía sua organização geopolítica estabelecida em províncias de vice-reinos; nesse caso, *El Virreinato del Río de La Plata*.[12] A essa disputa de poder sobre o *Gran Chaco*[13] e sobre os rios da bacia do Prata, que permitiriam o deslocamento do óleo explorado na região até os portos de Buenos Aires e de Montevidéu, envolveram-se ainda o Chile apoiando a Bolívia e a Argentina, os paraguaios.

Ao longo da história, são numerosos os casos de empresas ligadas ao setor petrolífero que incitaram disputas e contendas entre países para satisfazerem seus índices de crescimento e lucratividade, sob a conivência e articulação política estratégica de seus estados berço.

Foram os Estados Unidos que, em 1935, intermediaram o cessar-fogo e o início dos esforços diplomáticos para a demarcação da vitória paraguaia: o território norte do *Gran Chaco* ou Chaco Boreal.

O presidente Eusebio Ayala, embora tenha vencido a guerra, ao custo de mais de sessenta mil vidas paraguaias e de dívidas brutalmente grandes, assumidas para o financiamento do conflito, descobriu, nos anos seguintes, que a via de reconstituição do estado paraguaio por meio da exploração petrolífera seria impraticável. O Chaco Boreal não confirmou as auspiciosas previsões de reservas de óleo que haviam sido originalmente estimadas pelas empresas contendoras. O palco para as agitações e perturbações, tanto sociais

---

12 Do espanhol: Vice-reino do Rio da Prata.
13 Do espanhol: Grande Chaco.

como militares, estava armado. A insolvência do país levou-o a uma violenta ebulição.

O líder da Revolução Febrerista, Rafael de la Cruz Franco Ojeda, tomou o poder e instituiu um regime que duraria pouco mais de um ano. Sofreu outro golpe que restituiria o poder ao Partido Liberal, exilando-o em Buenos Aires e propelindo os jovens Ercília e Carlos para fora do país pela fronteira brasileira. O envolvimento do casal e da família Recalde com a causa revolucionária era tamanho que não lhes restou opção, principalmente depois dos acontecimentos sucedidos aos pais de Ercília, dias após a queda do presidente Rafael.

Seria um período conturbado na história paraguaia, com pesadas contas a pagar decorrentes dos custos da guerra, inflação e pobreza crescentes. Foram muitas as promessas frustradas pelo governo Ayala de compensações pelo êxito militar e diplomático com a vitória na Guerra do Chaco. O descontentamento dos oficiais e das tropas criava convulsões militares, incendiava ânimos nos quartéis e mantinha as casernas agitadas. Acabava por fomentar intensas disputas pelo poder entre diferentes forças revolucionárias, ora pendendo para o Partido Liberal, ora para o arquirrival Partido Colorado. Esse longo período que sucede à Guerra do Chaco levaria o país à Guerra Civil Paraguaia, deflagrada no ano de 1947. Também levaria o país a uma sucessão de ditaduras até 1989, com comando predominante do Partido Colorado. O último governo ditatorial foi o do presidente General Alfredo Stroessner, cuja queda se iniciou com protestos pacíficos dos mesmos *febreristas* e culminou com um golpe de estado, fazendo-o refugiar-se com a família em Brasília, onde morreu no ano de 2006.

A primeira parada de Ercília e Carlos em sua rota de fuga foi a cidade fronteiriça de Ponta Porã, no extremo sudoeste do então Mato Grosso, hoje Mato Grosso do Sul. A cidade brasileira é cortada por uma linha seca, delineada por uma larga avenida que divisa Pedro Juan Caballero, do lado paraguaio, de Ponta Porã. A passagem entre os dois países é livre, sem nenhum controle policial sobre essa extensa avenida. Essa fronteira seria a mais conveniente por ser a mais afastada de Assunção. Pensaram antes em cruzar a fronteira brasileira por Ciudad del Este e Foz do Iguaçu, no Paraná, mas desistiram por ser uma passagem controlada, mais próxima da capital paraguaia e com um rio que divide os países. Buscavam se esconder, não serem identificados, fugir. A fronteira seca entre Pedro Juan Caballero e Ponta Porã, no rumo de Concepción, cidade natal de Carlos, seria, portanto, o passo ideal para refugiados como eles.

Com a experiência *ganadera*[14] reunida por anos em Cañada Mi, em poucos dias conseguiram trabalho em um açougue do lado brasileiro. Deram-se conta, no entanto, que apenas algumas quadras os separavam da constante ameaça de vida que seus oponentes paraguaios lhes ofereciam, cruzando livremente aquela ampla avenida entre as duas cidades. Não tardou muito para decidirem esticar o desterro até a cidade de maior influência ao sul do então Mato Grosso uno: Campo Grande. Estariam mais longe do medo, supostamente mais seguros. Afinal, mais de trezentos quilômetros os separariam de Ponta Porã e de Pedro Juan Caballero, com postos de fiscalização pela polícia de fronteira brasileira ao longo desse caminho.

Em Campo Grande, resolveram estabelecer um negócio. Precisavam trabalhar. Compraram uma tinturaria para riscarem vincos em linhas, sempre linhas, perfeitas e retas, sobre as peças de roupa que lhes chegavam em grandes trouxas de várias residências e alguns hotéis e pensões da cidade. Os pesados e antigos ferros de passar, com alças de madeira, eram recheados com carvão em brasa. Queimavam-lhes o corpo e a alma. Cada longo dia de trabalho, manuseando essas relíquias fumegantes, intensificava a dor da distância de suas origens. Uma vida muito difícil! Os filhos, nascidos em Campo Grande, aumentavam a carga sobre os seus ombros. Reviviam a constante dúvida de se a linha transposta entre as vizinhas cidades de Pedro Juan Caballero e Ponta Porã havia sido a decisão correta. A alternativa não os animava a jogar água sobre as brasas dos candentes ferros de passar. A volta lhes custaria a vida com a

---

14 Do espanhol: relativo à pecuária.

impiedosa crueldade de matadores especializados na caça aos *febreristas*, também chamados de franquistas em referência ao sobrenome do presidente revoltoso, Rafael Franco.

Somente uma improvável anistia lhes daria alguma chance de voltar a ouvir o rasqueado de harpas das animadas e cadenciadas polcas e das apaixonadas e lamuriosas guarânias paraguaias. Devolveria-lhes a esperança de voltar a pisar o solo guarani, de mergulhar nas águas de San Bernardino e seu famoso Lago Ypacaraí, além de rever os belos e intrincados bordados *ñandutis*.[15] Ainda assim, o regresso seria pouco recomendado, pois no Paraguai uma anistia não apaga facilmente a sede por vingança nutrida entre rivais. Reconheciam o esforço do desterro em prol da dignidade da pátria paraguaia que, por fim, havia conseguido desenhar a linha que conquistava o Chaco Boreal à Bolívia. Sempre que sopesavam a questão, concluíam que era uma linha que valia a pena de suas almas afogueadas por aquelas candentes e não planejadas brasas de carvão.

De volta à Sexta-Feira Santa e aos meus nove anos, ouço minha mãe cobrar-me da cozinha duas coisas: o meu passo de menino acelerado para que não atrasasse a minha avó e o zelo de que deveria acompanhá-la como um pequeno cavalheiro, fazendo-lhe companhia por aquele périplo cristão: uma *Via Crúcis* com sete paradas, sete templos. O senso de responsabilidade e importância era tanto que eu assumia feliz a difícil tarefa de cuidar de *Doña* Ercília.

— Filipe, rápido meu filho. Por favor, não atrase a sua avó e nunca a deixe só. — O pedido de minha mãe, na verdade, tinha sentido

---

15 Do guarani: refere-se a um artesanato típico do Paraguai, um bordado feito em círculos, como uma teia de aranha. É resultante de uma lenda em que um jovem indígena busca presentear sua amada em um relacionamento não correspondido e encontra um tecido tramado que considera ser um lindo presente, mas ao tocá-lo o tecido se desfaz. A mãe do jovem indígena se dispõe, então, a tecer com seu próprio cabelo a mesma trama. Ao entregar o presente à amada, o jovem finalmente a conquista.

contrário: dava-me uma presumida responsabilidade de não me distanciar dela, evitando assim que eu me perdesse.

— Mas não sou eu que ando devagar, mãe! — em resposta típica das crianças que não escondem suas autenticidades e diante da velocidade manquejante de Ercília.

— Ya, hijito, vámonos, apresúrate! Ya está Don Porfirio a esperarnos en la puerta de la casa. Hasta luego, mi hija. A la una ya estaremos de regreso. ¡Suerte! — responde Ercília, completamente alheia aos meus protestos.	— Vamos filhinho, depressa! Dom Porfirio já está nos esperando na porta de casa. Até logo, minha filha. Regressamos à uma hora da tarde. Boa sorte! — responde Ercília, completamente alheia aos meus protestos.

Levanto-lhe uma mirada de desgosto, mas não lhe retruco. Afinal, não sou eu o culpado. É ela quem tem que andar mais rápido. Leva com dificuldade todo o seu corpanzil, sem conseguir dobrar a perna direita. A cirurgia feita em Assunção deixou-lhe sequelas. Seu joelho direito perdeu a capacidade de se articular e, assim, diminuiu-lhe a velocidade e restringiu-lhe os movimentos, tornando-a, vagarosamente, uma mulher mais volumosa ao longo do tempo. Nunca a vi lamentar pelo que a vida havia lhe reservado. Deixou-lhe uma respeitável cicatriz no joelho que, tenho certeza, remetia-lhe silenciosamente ao passado e às lembranças que ali se suturaram.

Mais tarde, soube que não se tratou de um tombo, como minha mãe havia me dito, mas, sim, de uma de suas campanhas *febreristas*, em um de seus assaltos revolucionários de 1936. Em um choque com as forças apoiadoras de Eusebio Ayala, Ercília foi açoitada por militares sofrendo sucessivos golpes com pesados cassetetes de cedro, ferindo-a gravemente em sua perna e joelho direitos. A internação e a recuperação no Hospital de la Policía de Asunción, na Avenida Mariscal López, além dos prestativos cuidados de sua mãe, garantiram-lhe a vida; mas não lhe devolveram a destreza de seus movimentos. Cobraram-lhe alto preço.

À porta de casa, Dom Porfirio nos espera com as rédeas nas mãos em uma robusta e bem perfilada charrete. Uma autêntica caleche com quatro rodas e duas fileiras de assentos em tons acastanhados, tendo o condutor na primeira fila e os passageiros confortavelmente acomodados na parte traseira. Uma capota trigueira rebatível protege os passageiros das intempéries. À frente, com seus arreios de couro e ferragens, responsáveis pelo mais duro trabalho, dois bem-alimentados cavalos campeiros com pelagens castanhas, diferindo-se apenas pelo padrão de suas manchas brancas na parte frontal de suas cabeças. Essas manchas acabavam por determinar os seus nomes: Florêncio, em alusão a uma flor que lhe tomava o chanfro; e Listrado, com uma linha longitudinal da testa à narina. Dom Porfirio nutria um delambido afeto por esses dois animais. Explicava sempre a origem brasileira da raça e seu uso para o transporte entre o Brasil e o Paraguai, desde os tempos de Colônia. Não cansava de ressaltar as características físicas da garupa ampla e do tronco forte, ideais para montaria de longas distâncias e para a tração; além de uma inteligência e docilidade únicas. Dizia ainda que o nome da raça já entregava sua maior habilidade: o trabalho no campo.

Subo à charrete e, como um pequeno cavalheiro, estendo a mão à minha avó para alçá-la à parte coberta do veículo. Ao invés de tomar-me a gentileza, segura com força os apoios de mão da charrete, coloca o pé esquerdo sobre o estribo para tomar impulso e assim acomodar-se em seu lugar. Não me dou conta de que a recusa ao meu gesto tem a ver com minha mirrada força muscular que pudesse fazer alguma diferença nesse instante e, visivelmente desagradado, protesto.

— Vó, venha! Deixe que eu te ajudo!

A tarefa de Ercília não é fácil. Ela falha na primeira tentativa. Florêncio e Listrado sentem a dificuldade e se inquietam, fazendo pequenos movimentos que dificultam ainda mais todo o processo.

Dom Porfirio acalma com proficiência os cavalos. A impossibilidade de genuflexão de seu joelho direito é o que torna o movimento de Ercília complicado. É Dom Porfirio quem a ajuda, puxando-lhe o corpo por um dos braços em um só golpe, resolvendo assim a questão. Logo me convenço de que eu teria alguma dificuldade em puxá-la da maneira que Dom Porfirio fez e resignado tomo o meu lugar na charrete. Os dois são amigos de longa data e sei muito bem que ela lhe tem máxima confiança.

Dom Porfirio, sempre bem-composto, com uma correta camisa branca e calças de montaria, rematadas por uma guaiaca pantaneira desprovida de coldre e feita do mesmo couro marrom de suas botas. A grossa e duravel cinta de couro está assentada sobre uma rica faixa pantaneira em todas as vivas cores, naturais desse adereço sul-mato-grossense. Sobre a cabeça, um clássico chapéu Cury de abas médias. Tudo em perfeita harmonia com as cores de sua charrete. Segura com a boca um charuto cubano *petit* robusto, envolto em redolentes baforadas que sombreiam sua austeridade e elegância. Nas mãos calejadas, além das rédeas, o chicote para dar ritmo aos trotes daqueles dois corcéis. As botas de couro desgastado são completadas por afiadas esporas para o furtivo caso de uma montaria. Um completo e competente cavalariço.

— *¡Estimado Don Porfirio! ¿Cómo le ha ido? Hace mucho que no le veo, mi amigo* — diz Ercília, com alguma dificuldade pelo esforço realizado para acomodar-se no banco traseiro da charrete.

— Estimado Dom Porfirio! Como tem passado? Há muito tempo que não o vejo, meu amigo — diz Ercília, com alguma dificuldade pelo esforço realizado para acomodar-se no banco traseiro da charrete.

Ercília abre sua bolsa e retira dela um pequeno lenço branco almiscarado para enxugar as gotas de suor de sua face e assim se recompor para a viagem. A essência desperta meu olfato e olho atentamente para aquela pequena bolsa. Ali dentro havia sempre o *colorete*, o lenço perfumado e alguns trocados que se transformavam em um afago para o neto, um sorvete, uma garapa de cana-de-açúcar ou um refrigerante para suavizar o escaldante calor de Campo Grande, mesmo em pleno outono.

— Muito bem, Dona Ercília, obrigado. Trabalhando muito, graças a Deus! Rindo da vida antes que ela ria de mim. E a senhora, como tem passado? Como vai a família? E a vida no Rio de Janeiro? — Dom Porfirio não dispensa o tratamento protocolar e cortês, mesmo tendo proximidade suficiente com minha avó para suprimir quaisquer salamaleques.

— *Bien, hombre, muchas gracias. Todos muy bien, tanto aquí como allá. Yo, pues, tratando de consentirle a Dios Padre para que me reciba de buen grado en el día que me toque conocerlo en persona. ¡Creo que, a mí, no me falta mucho!*	— Bem, meu caro, muito obrigado. Todos muito bem, tanto aqui como lá. Quanto a mim, pois, tratando de agradar a Deus Pai para que ele me receba de bom grado no dia em que chegar a minha vez de conhecê-lo pessoalmente. Creio que não me falta muito!

— Nada disso, Dona Ercília, ainda nos falta muito. Deus nos tem confiado muitas tarefas e, quanto mais trabalho, mais lhe devo. Preciso de mais tempo para saldar as minhas dívidas. Pago-lhe de bom grado! A senhora bem sabe! Só lhe peço saúde, nada mais. Com isso, basta — retorquiu o homem em tom amistoso e com um sorriso simpático, ainda que torto, para não deixar cair o inseparável charuto da boca.

— *¡Verdad, Don Porfirio! ¡Yo le creo! Con razón les voy a prender unas velitas a mis santos para que le escuchen y que le digan a Dios Padre lo mismo que me dice usted ahora. ¿Verdad, mi nieto?* — responde Ercília, ainda ofegante.	— Verdade, Dom Porfirio! Concordo! Pois vou acender umas velinhas para os meus santos para que o escutem e digam a Deus Pai o mesmo que o senhor me disse agora. Não é mesmo, meu neto? — responde Ercília, ainda ofegante.

O olhar matreiro e de soslaio de minha avó me soltou uma piscadela. Já estava devidamente acomodada do lado direito da charrete com sua perna levemente para fora do piso do coche. Sua condição me reservava obrigatoriamente o lado esquerdo em todas as viagens.

Eu adorava as charretes, especialmente a de Dom Porfirio. Ouvia inebriado suas histórias e a de seus cavalos. Sonhava com Florêncio e Listrado e dizia que um dia ainda teria os meus. Seria dono de um haras. Na verdade, já queria aqueles dois campeiros para serem os meus primeiros. Teria ainda lusitanos, quartos de milha, andaluzes, campolinas, sem contar os crioulos e os pantaneiros. Um sonhador! Os passeios com minha avó eram sempre feitos em charretes e normalmente com Dom Porfirio. Várias foram as vezes em que ele deixava que eu montasse Florêncio, o mais manso dos dois. Hoje, pela pressa de minha avó, não seria possível, o que aumentava minha inconformidade com a visita a tantas igrejas.

— Acenda duas velas, por favor, Dona Ercília: uma para a senhora e a outra para os amigos — pediu Dom Porfirio, já sentado em sua posição de um habilidoso condutor, quase pronto para iniciarmos a jornada.

— *Pues, seguro, mi amigo. Yo me hago el cargo. Usted no se preocupe, Don Porfirio. Vámonos, entonces. Ya se nos va el tiempo y le dice a Luzia, mi hija, que regresamos para el almuerzo.*

— Pois, claro que sim, meu amigo. Eu me encarrego da tarefa. Não se preocupe, Dom Porfirio. Agora vamos. O tempo está passando e disse à minha filha, Luzia, que voltamos para o almoço.

Com um só golpe, Dom Porfirio estala o chicote no ar em um sinal aos diligentes cavalos para que comecemos a *Via Crucis*. Dom Porfirio conhece o caminho entre o centro da cidade e os bairros de Santa Fé, Amambaí, São Francisco e Monte Líbano, onde estão as sete igrejas a serem visitadas. Florêncio e Listrado, adestrados a bridão, também.

Dom Porfirio era nascido e criado em Campo Grande. Quando jovem, era um proeminente capitão de cavalaria, um coudel. Serviu ao Exército Brasileiro na Quarta Divisão, mais tarde convertida na 4ª Brigada de Cavalaria Mecanizada, sediada em Campo Grande e vinculada à 9ª Região Militar do então II Exército, hoje Comando Militar do Oeste. Obedeceu a ordens do general Bertoldo Klinger, comandante da Circunscrição Militar de Mato Grosso, responsável direto pela conspiração das Forças Armadas do então estado de Mato Grosso, em favor dos paulistas na Revolução Constitucionalista de 1932. Casou-se com *Doña* Asunción, outra paraguaia radicada na cidade que estabelecera um negócio de importação sem o pagamento de impostos: uma pequena e lucrativa operação de contrabando. Comercializava charutos e licores de diversas partes do mundo: *puros cubanos y dominicanos*;[16] *whiskies* escoceses, puro malte e Bourbon; rum caribenho e guatemalteco; vinhos do Porto, Madeira e *Jerez*; finos *Cognac*, dentre outros. Esses produtos sempre foram vendidos do lado paraguaio da fronteira por preços muito convidativos aos brasileiros, obrigados a pagar impostos de importação extorsivos se comprassem os produtos no Brasil. Pois parte desses impostos *Doña* Asunción regalava ao comprador e outra parte a seu bolso.

As mercadorias eram oferecidas exitosamente ao mercado da cidade em todos os seus segmentos, dos ricos e abastados aos pobres e necessitados. Todos compravam. Os ricos encomendavam aos seus serviçais a passagem pela casa de *Doña* Asunción. Não se deixavam ver na cena do crime, mas pagavam bem, incluindo o quinhão que remunerava o atravessador, em um articulado conluio com a vendedora.

Doña Asunción em nada se parecia com uma transgressora; ao contrário, era uma dama. Usava sempre seus longos cabelos, lisos e pretos, presos em um avantajado coque, verticalmente assentado

---

16 Do espanhol: charutos cubanos e dominicanos.

sobre sua cabeça, dando-lhe mais altura do que de fato tinha e ajudando-a a adelgaçar a silhueta, que já crescia à medida que os anos passavam. Tinha uma conversa envolvente, de quem sabe cativar e encantar as pessoas. Era uma vendedora nata, com técnicas cuidadosamente aplicadas, do mimetismo à camuflagem, a fim de garantir seu objetivo final. A amizade que Ercília tinha com Dom Porfirio se devia ao fato de *Doña* Asunción ser mais uma refugiada política, que havia cruzado a linha de fronteira para o Brasil em circunstâncias e datas parecidas às de meus avós. Era mais uma fervorosa parceira e amiga *febrerista* em busca de uma vida com novas e bonançosas expectativas, longe das convulsões paraguaias.

Não foram poucos os paraguaios que, movidos pelas perspectivas de melhores condições de vida, se aventuraram sobre essa linha de fronteira. Como refugiados, suas necessidades básicas eram urgentes e não havia apoio que lhes indicasse teto nem trabalho para conduzirem o reinício de suas vidas no Brasil. Estabeleciam naturalmente uma relação amistosa entre si, comungando o exaspero do isolamento e da proscrição. Ajudavam-se sentimental e financeiramente. Tanto assim que minha avó se alistou à mesma empreitada de *Doña* Asunción, frequentando as composições que ligavam Campo Grande a Ponta Porã sobre os trilhos de um ramal da Estrada de Ferro Noroeste do Brasil (NOB), em um vai e vem sem fim para comprar e revender produtos contrabandeados. Por trechos diferentes, a ferrovia ligava Campo Grande às fronteiras da Bolívia e do Paraguai. Os comboios da direção paraguaia sustentaram a vida de muitas famílias imigradas durante longo tempo. Lamentavelmente, a ferrovia foi desativada anos depois de sua privatização, ocorrida em 1996. Deixou marcas pelas cidades sul-mato-grossenses que ligou e a alcunha de Trem do Pantanal, imortalizada em uma canção de Geraldo Roca e Paulo Simões. Foi gravada por Almir Sater e convertida em um hino popular desse estado, homenageando os fugitivos de guerras, como as amigas Ercília *e* Asunción.

Enquanto esse velho trem atravessa o Pantanal
As estrelas do cruzeiro fazem um sinal
De que este é o melhor caminho
Pra quem é como eu, mais um fugitivo da guerra

Ercília e Asunción respeitavam fielmente a divisão de clientes que estabeleciam entre si, renunciando a quaisquer disputas. Formavam um bem-sucedido cartel de muambas. Não chegaram a estabelecer uma sociedade; mas, logisticamente, operavam-na como tal. Ludibriavam os inconstantes agentes alfandegários presentes à plataforma da estação ferroviária em Campo Grande. Apresentavam-se sempre cada uma levando uma surrada mala de couro com alça, contendo seus escassos pertences pessoais e nada mais. Quando muito, traziam gomas de mascar do tamanho de bolas de gude para as crianças, embaladas em longos e coloridos bastões como se fossem comprimidos. Eram produtos considerados sem valor para a taxação, desde que comprados em proporções para consumo próprio.

O verdadeiro contrabando havia sido deixado na estação do Indubrasil, tronco de ligação dos ramais que conectavam Campo Grande a Ponta Porã, na fronteira paraguaia, e a Corumbá, na fronteira boliviana. Indubrasil está localizado a quinze quilômetros de Campo Grande. Ali, Dom Porfirio recolhia os produtos e, em seguida, dava o devido destino a eles, repondo os estoques nas casas das duas famílias envolvidas, com a aplicada colaboração de Florêncio e Listrado, dessa vez puxando uma carroça em vez da graciosa charrete. A carga era transportada, durante todo o trajeto, como se fosse material operacional da companhia ferroviária. Era embalada e embarcada sem problemas nos comboios noturnos entre as duas cidades. A operação somente era possível mediante o envio de alguns *regalitos*[17] aos despachantes e operadores, quase todos descendentes de famílias paraguaias, nas estações de Ponta Porã e do Indubrasil.

---

17 Do espanhol: presentinhos.

Em geral, uma pequena fração dos pacotes de charutos e algumas garrafas dos licores mais comercializados.

Doña Asunción e *Doña* Ercília não perdiam a oportunidade de enviar presentes às esposas de seus principais colaboradores ferroviários, nas datas de seus aniversários. Mesmo Dom Porfirio jamais se negou a apoiar essas mesmas famílias quando precisavam de carretos. Fazia-os de bom grado. Tudo muito bem contabilizado para que esses custos estivessem incorporados às margens de recuperação dos produtos distribuídos em Campo Grande. Era uma operação rentável e sofisticada.

Com esse senso de solidariedade entre os imigrantes paraguaios, em pouco tempo Ercília já pertencia a uma confraria de *kuñataî*,[18] que o inesquivável tratamento do tempo transformou em confraria de *kuñakarai*.[19] Eram conhecidas como *Las Ocho*:[20] *Doña* Esther, *Doña* Pochola, *Doña* Ubalda, *Doña* Elodia, *Doña* Chelita, *Doña* Tomasia, além de *Doña* Asunción e, claro, de *Doña* Ercília. A verdade era de que poucas foram as que não passaram pelo modelo da informalidade, do negócio de contrabando. Com exceção de *Doña* Asunción, o grupo de contraventoras era formado pelas solteironas, pelas viúvas e pelas desquitadas. Sim, à época a Lei do Divórcio ainda não havia sido aprovada no Brasil. Foi somente em 1977 que o senador baiano, eleito pelo estado do Rio de Janeiro, Nelson Carneiro, conseguiu a proeza de vencer as firmes posições da Igreja Católica, contrárias à tese do divórcio. Apesar de muito carola, Ercília comemorou a conquista e engrossou as fileiras de admiradores do senador. Discordava do dogma da Igreja Católica de que os casamentos são inquebrantáveis. Afinal, o seu próprio não resistiu.

Las Ocho reuniam-se com frequência para celebrarem a vida. Eram elegantes em sua simplicidade de ver e viver a vida. Tomavam seus mates diários, sempre às cinco da tarde, em frente à casa de uma delas. Cultivavam essa herança como uma autêntica representação

---

18   Do guarani: moça bonita, donzela.
19   Do guarani: senhora.
20   Do espanhol: As Oito (em alusão ao número de amigas).

da cultura paraguaia. Ademais, a produção de erva-mate tinha uma forte ligação com a colônia de imigrantes. Os esposos de algumas daquelas que se casaram foram longevos empregados da Companhia Matte Larangeira.

Inicialmente paraguaia, a Companhia Matte Larangeira era uma empresa com sede na cidade de Concepción e que iniciou suas operações em 1877. Em 1882, o Imperador Dom Pedro II concedeu o direito de exploração da erva-mate a Thomaz Laranjeira em terras do extremo sudoeste do Brasil, então estado de Mato Grosso. A concessão era uma recompensa à família Laranjeira pelos serviços prestados ao Império durante a Guerra do Paraguai: arregimentar indígenas das etnias Guarani, Guaicurus, Kadiweus e Mbayás para lutarem em defesa do brasão imperial brasileiro, formando o 50º Corpo de Voluntários da Pátria (50º CVP) e reforçando o Exército Imperial brasileiro. Quando Dom Pedro II assinou o decreto de criação dos Corpos de Voluntários da Pátria, o alistamento se dava realmente por voluntarismo, por puro patriotismo. Mais tarde, esse alistamento se tornou forçado, impondo-se a indígenas arregimentados, opositores políticos nas províncias e a escravos de fazendas. Para estes últimos, o alistamento e a prestação de serviços militares poderiam ser uma forma de conseguir suas tão cobiçadas cartas de alforria.

Os índios Guarani e Guaicurus eram arquirrivais e haviam desenvolvido estratégias e técnicas de combate destacadas que seriam de grande valor para expulsarem os soldados paraguaios que haviam tomado terras brasileiras. Os bravos e aclamados "Voluntários da Pátria" naquela fronteira do país eram, portanto, bem-preparados indígenas do sudoeste sul-mato-grossense: cavaleiros que pela sua destreza de montaria e ataque não deixavam chance de defesa aos seus oponentes. Desenvolveram técnicas em que escorregavam seus corpos sobre a montaria, de modo a envolver os cavalos com suas pernas, mantendo um dos joelhos sobre o dorso e o outro na barrigueira do animal, preso ao estribo para dar-lhes sustentação. Em uma das mãos a rédea, firmemente presa à crina do cavalo para controlarem direção; e na outra, uma longa e afiada lança conhecida como zagaia, com que desferiam golpes mortais em suas vítimas. Avançavam, assim, sobre o inimigo em desenfreados galopes. Davam a impressão de que não havia ninguém montado, pois os cavaleiros cavalgavam lateralmente os animais, em uma posição que exigia força e habilidade. Era uma tática de combate passada de geração em geração.

Charge de cavalerie Gouaycourous – Jean-Baptiste Debret

De volta à empresa, os Laranjeiras compram as terras da Fazenda Três Barras, à beira do Rio Paraguai, para ali criar um porto que facilitaria o escoamento de sua produção aos grandes mercados de Buenos Aires, Asunción e Montevidéu, além da exportação à Europa. Em 1892, transferem para lá a sede da Companhia. O desenvolvimento da região promoveria esse porto a uma cidade com o nome de Porto Murtinho. A companhia foi muito influente e contou com grande apoio de políticos e gestores públicos, tanto no período imperial como nos anos da República Velha. Os irmãos Murtinho são exemplos dessa influência e motivo do nome dado à cidade portuária: Joaquim Murtinho, ministro da Indústria e Comércio do governo do presidente Prudente de Morais e ministro da Fazenda na gestão do presidente Campos Sales; além de Manuel José Murtinho, ministro do Supremo Tribunal Federal e presidente do estado de Mato Grosso — assim se chamavam os governadores de estados brasileiros durante o período inicial da República.

A Matte Larangeira ainda teria sua sede transferida para Guaíra, no estado do Paraná, antes de seu fim. Foi o presidente Getúlio Vargas, em 1943, quem anulou a concessão da Companhia. Foram multidões de paraguaios servindo a Matte Larangeira durante os anos de sua operação. Sua dissolução não impactou o hábito paraguaio, boliviano, argentino, uruguaio, chileno e brasileiro. Seguem consumindo infusões com a erva em abundância até os dias de hoje: mate, chá-mate, chimarrão ou tereré. A *ilex paraguariensis*, nome científico da planta, proporcionou um desenvolvimento importante no final do século XIX e início do século XX ao sul do estado de Mato Grosso, hoje Mato Grosso do Sul, e ao estado do Paraná. Esse desenvolvimento ficou conhecido como o ciclo da erva-mate.

Somente a chuva podia evitar o divertimento daquelas pobres mulheres, *Las Ocho*. Dispunham as cadeiras em um círculo nas calçadas, de frente às suas casas, para assim acompanharem o movimento das ruas e aguçarem os comentários sobre vidas alheias. Autênticas comadres, eram acompanhadas pelo indefectível mate preparado em longas guampas bovinas, adornadas com prata em suas terminações e complementadas com ricas bombas, do mesmo metal. As mais opulentas tinham pedras semipreciosas incrustadas em sua haste média como uma suntuosa aliança. Há guampas mais simples, feitas de puro chifre bovino. Algumas com terminações em aço inoxidável, sem os caros adornos de prata. Também há bombas mais acessíveis, sem as suntuosas gemas. Para *Las Ocho*, no entanto, o sagrado ritual da bebida precisava ser cumprido sempre com pompa e circunstância.

Las Ocho defendiam as culturas paraguaia e sul-mato-grossense mantendo a guampa como o recipiente adequado para tomar o mate. Não aceitavam o costume de gaúchos, uruguaios, chilenos e argentinos, que usam a cuia. Segundo elas, o chifre bovino sempre deu mais distinção ao ato de beber o mate do que uma cabaça feita com o porongo, fruto de uma árvore com o qual se prepara artesanalmente as cuias.

Quando me perguntam qual o melhor deles? Pois sugiro não discutir temas de religião. Cada um com a sua!

Outro ponto que não se discute é se o mate deve ser servido quente ou frio, nesse último caso conhecido como tereré e essencialmente consumido por sul-mato-grossenses e paraguaios. Logicamente, a infusão produz mais resultado com água fervente do que gelada, mas cada um com a sua tradição. A roda diária de *Las Ocho* era normalmente com água quente; mas, a depender do calor, eram flexíveis, não desprezavam a alternativa do tereré.

As bombas sugavam a infusão de erva mate, preparada com zelo pelas amigas para que a bebida não amargasse além da conta. Sim, uma erva que já é amarga se não for bem acomodada na guampa ou na cuia, com a bomba de sucção na posição correta, desanda. Uma vez posicionadas, as bombas são inamovíveis e somente podem ser tocadas pelas bocas de quem participa da roda: nesse caso, as comadres. Em geral, as rodas acolhem homens e mulheres, mas o rito de *Las Ocho* era uma cerimônia exclusiva, no tempo e na graça de amigas faladeiras. Se alguma desavisada convidada, que não conhecesse o hábito das rodas de mate, mexesse na bomba como quem movimenta um canudo, haveria fragosos protestos. Tão fortes que, quase sempre, levariam à decisão colegiada de desprezar aquela erva e preparar uma nova. O castigo à pecadora era de que ela acompanhasse a preparação como uma forma de aprender o ritual e professar fé absoluta no seu rigoroso cumprimento a partir de então.

A grande chaleira quente, de ferro fundido e cabo de madeira escurecido pelo manuseio, com água em ebulição, aquecida e reaquecida em fogão à lenha, era companhia inseparável da dona da casa. O rito era sempre o mesmo. Sentadas em círculo, com assuntos e risadas em profusão, estabelecia-se uma cabeceira que deveria ser ocupada obrigatoriamente pela anfitriã. Havia uma formalidade que jamais era desobedecida. Somente a dona da casa poderia servir o mate, nunca uma convidada. A sucção individual deveria ser feita até que não houvesse mais resto algum, apenas a erva úmida e aglutinada dentro da guampa. A água fervente era vertida sobre aquele cilíndrico e arqueado chifre bovino com calma, para que houvesse tempo de completar o processo de infusão. Uma vez reabastecida, a guampa era passada à seguinte comadre, respeitando-se o sentido horário. Nada mais era servido pela dona da casa além do mate e de um reconfortante acolhimento a quem integrasse a roda com o firme propósito de *charlar*.[21] Quando a chaleira se esvaziava, era preciso voltar ao fogão à lenha para reabastecê-la com mais água fervente. Era um sem-fim de vezes servindo guampas até que o relógio lhes indicasse algum outro compromisso.

Quando chegava o horário de ir embora, era de bom tom agradecer à dona da casa no exato momento de devolver-lhe a guampa vazia e bem sorvida. Era um sinal de saciedade, tanto do mate quanto da conversa. Também era um sinal de gratidão pelas horas de boa aragem, de aventurança e de felicidade. Combinavam um revezamento de casas entre elas, cabendo a cada dia a definição do palco para o dia seguinte. Não havia que combinar o retorno. A reunião diária era praxe.

Embora contassem histórias, suas e alheias, com risadas e gaitadas de seus feitos e efeitos, não raro apareciam algumas lamúrias; mas essas ocupavam uma sessão fugaz do tempo de que dispunham. Era sempre mais fácil ver a guampa meio cheia do que meio vazia.

---
21 Do espanhol: conversar.

Quando não queriam ser compreendidas, conversavam em um fluido *Avañe'e*.[22] O espanhol era usado na comunicação protocolar e no convívio com os brasileiros. Ao longo da vida, todas foram evoluindo para o dialeto *portuñelesco*, como aquele de Ercília, a "*carioquita* paraguaia". Cada uma à sua maneira. Talvez *Doña* Asunción, casada com um brasileiro, tenha sido a que menos provocava sobressaltos aos acadêmicos das letras da língua portuguesa. Grandes e longevas amigas, com histórias de linhas de fronteiras, de linhas férreas, de cesuras e fissuras, de vincos e desvincos.

―――

De volta à companhia de Dom Porfirio e de minha avó e sentado confortavelmente no banco traseiro da charrete, vou acompanhando as linhas armadas pelos paralelepípedos assentados nas ruas da cidade. Por alguma razão, essas linhas ficariam gravadas em minha memória de garoto. Nem mesmo o menear da carruagem sobre o piso irregular no caminho às sete igrejas de Campo Grande me desviava a visão. As linhas me mantinham hipnotizado. Uma hipnose que sedimentou o interesse e a curiosidade, ao longo de toda a minha vida, por linhas. Imaginárias, mas absolutamente reais. Visíveis por meio de seus impactos, especialmente sobre a vida de tantas pessoas. Marcadas, muradas, muralhadas ou fortificadas. Linhas que desalinharam ou ainda desalinham destinos. Riscos que realinharam ou ainda realinham histórias, que sublinharam ou ainda sublinham rumos de degredo, de refugiados.

Aqueles compassados cascos dos cavalos campeiros, ressoados em trote, mantinham-me em transe. Davam-me uma leitura pueril e romântica sobre a única linha de divisa que conhecia até então, a fronteira seca entre o Brasil e o Paraguai. Outras tantas haveriam de me perseguir e eu a elas, para que pudesse contar suas histórias e a

---

22 Do guarani: nome dado ao idioma guarani.

de milhões. Histórias de linhas afiladas como lâminas que cortam, que modificam, que sangram e doem os desígnios de quem as encontra ou de quem é impelido a elas. Histórias de quem quer apagá-las, mas que, como cicatriz, não se esvaem. Deixam marcas, por gerações. São eternas.

TORDESILHAS

À Ercília, agosto sempre pareceu um mês de mau agouro. É quando não há chuvas. Tudo sobre a terra perde o viço, seca e se converte em palha para que queime sob um sol implacável que não distingue lado, o brasileiro ou o paraguaio. Essa estiagem levanta poeira, alta, que se mistura às cinzas, resultado de queimadas e incêndios nos campos, transformando as Serras de Maracaju e da Bodoquena em uma estufa de cores terracota. De quando em vez, entre as estações do outono e inverno, ventos frios cortantes e sempre secos sopram dos Andes e da Patagônia pelos caminhos platinos, *chaqueños*[23] e pantaneiros até alcançarem as serras, fazendo-as gear. Duram poucos dias, mas suficiente para desafiar as lavouras de trigo, milho, feijão, as pastagens para as criações e assim produzirem estragos na capacidade de geração de renda daquela gente. O sustento sempre foi tirado, essencialmente, da agricultura, da pecuária e do extrativismo mineral ou vegetal. Tudo mais acontece se o campo prospera. Agosto era, portanto, um mês muito estranho, assombroso. *Cuando hasta los perros se convierten locos,*[24] segundo *Doña* Ercília.

---

23 Do espanhol: relativo ao Chaco ou Grande Chaco. Região geográfica da América do Sul que abrange o Paraguai, a Bolívia, a Argentina e o Brasil.

24 Do espanhol: Quando até os cachorros se tornam loucos. A doença da raiva, provocada por um vírus e transmitida pela mordida de animais, como o cachorro e o gato, eram popularmente associadas a uma maior disseminação durante os meses de agosto; daí a razão para que campanhas de vacinação em massa de animais domésticos acontecessem durante o mesmo mês.

O entorno podia ser sequioso, fumegante, de tantas queimadas que consumiam os campos; mas era o seu coração que lhe avivava brasas, que a consumia, que a sufocava à exaustão. Embora seus ideais revolucionários fossem fortes, era a sua vida que estava em jogo. Seria possível sonhar com o caminho contrário? Regressar? Voltar à casa, a Villarrica, a Cañada Mi e aos campos de *Don* Desiderio, seu pai? Dar volta atrás nos ponteiros dos relógios ou girar a Terra em sentido contrário? Ercília esvaecia-se na busca por respostas. Desgastava-se, angustiava-se. Pensava e repensava, mas repetidamente caía em si: o devaneio se desfazia. Sabia que era impossível. Voltar não era uma opção. Seria duramente castigada ou mesmo assassinada pelo seu passado revolucionário. Ercília deixou registrada a história de sua vida, passando-a aos filhos, sem nunca esconder nem omitir qualquer nuance, por mais severa ou áspera que pudesse ser.

Havia sido em agosto de 1937, 13 de agosto... sempre agosto, que Rafael Franco perdera a presidência paraguaia e que *Don* Desiderio Recalde havia sucumbido à invasão de sua fazenda. Uma bem-formada propriedade, dedicada à pecuária de corte nas imediações de Villarrica, em Cañada Mi. Foram grupos armados contrarrevolucionários, organizados pelo partido e pelos seus líderes opositores que a ocuparam. Uma retaliação ao seu apoio e de sua família ao insurgente presidente Rafael Franco e à sua *Revolución Febrerista*.

Desde que se casara com a bela sevilhana *Doña* Sara, faziam morada na fazenda. Mantinham um influente rol de amigos em Assunção e, não raro, atravessavam os cento e sessenta quilômetros de distância que os separava da capital para cultivarem as relações de amizade, cultura e política.

Devotada à vida caseira, *Doña* Sara operava com perfeição tudo o que fosse necessário para que nada faltasse ao bom padrão de vida que levavam. Tinha um pequeno séquito de empregados que lhe dava a tranquilidade de que tudo fosse atendido a tempo e à hora. Afável e muito bem-educada, era dona de uma personalidade forte, com um alegre e constante transbordo de energia. Levava sempre uma vistosa flor presa a seus cabelos castanho escuros. Preferia sempre as naturais, mas era extensa sua coleção de flores em tecido ou ricos broches que lhe adornavam as melenas. Vestia-se como uma autêntica mulher andaluza, com cores, babados e rendas que lhe moldavam o leve corpo com aprumo. Mantinha também um basto acervo de estolas, xales e mantilhas de tradição espanhola, em tecidos de seda, cetim, lã e algodão, que lhe aperfeiçoavam a beleza, o charme e a graça extensamente utilizados nos salões, em tertúlias e saraus, da fazenda e de Assunção.

Fora um parente próximo de *Don* Desiderio, o tenente-coronel Camilo Recalde, quem invadira Assunção em 16 de fevereiro de 1936 para derrotar as forças que apoiavam o liberal Eusebio Ayala e aceitar sua rendição e destituição um dia depois, a bordo da canhoneira Paraguay. Dentre os militares que impuseram o nome do Coronel Rafael Franco para a presidência temporária do país, Camilo Recalde havia sido um dos mais destacados, justamente pelo cerco que empreendera à capital paraguaia. Pois os Recalde agora expiavam, pagavam um preço alto pelo atrevimento. A *Don* Desiderio coube a pena máxima, imposta por ele próprio à impossibilidade de ver aniquiladas as suas paixões, sua honra e seu patrimônio ao final da vida.

Ainda em agosto de 1937, sua fazenda em Cañada Mí, nas faldas de Villarrica, foi cercada, invadida e cruelmente destruída por uma horda de marginais contratados, pistoleiros, perigosos criminosos pagos e fortemente munidos de armas e da mais perversa vingança dos poderosos. Dizimaram suas reses, seus cavalos de tropa e de raça além de todas as outras criações que mantinha ali. Assassinaram todos os peões e empregados em contrapartida à reação que descoordenadamente esboçaram. Não pouparam as famílias. Mulheres e crianças foram mortas, sem piedade, em um assalto de brutalidade sem par. Atearam fogo aos antigos galpões de madeira, currais e a todas as casas da fazenda. Não deixaram pedra sobre pedra. Ao final, espalharam os corpos, sem dar-lhes campa, pelo salão, pela sala de jantar, pela biblioteca e pela cozinha da casa principal. Deixaram um deplorável cenário de guerra e de desesperança.

Doña Sara não se encontrava na fazenda no momento da invasão. Vinha de Assunção, onde fora fazer compras na companhia de *Don* Gerardo, *Doña* Fermina e da pequena Kika, uma das muitas famílias que viviam e trabalhavam na propriedade. *Doña* Fermina era sua dama de companhia, casada com *Don* Gerardo, o cocheiro. Kika era a pequena filha do casal. Viajavam em um landau, um tipo de carruagem aberta de origem alemã, puxada por dois cavalos, com assento à frente para o condutor e dois confortáveis bancos para até quatro passageiros, acomodados dois a dois, frente a frente. *Don* Desiderio havia comprado o meio de transporte aos imigrantes alemães, vindos especialmente da Tanzânia e da Namíbia, duas das antigas colônias teutônicas na África, e que fabricavam esses e outros veículos nas imediações de Encarnación, ao sul do Paraguai, divisa com a Argentina, em um dos pequenos povoados dali conhecido como Hohenau.

Poucos quilômetros antes da entrada da propriedade, havia um conjunto de homens espreitados cercando-a, dando cobertura ao ataque em curso, para que não houvesse a menor possibilidade de qualquer força de resgate ou de apoio que pudesse malograr a investida contra as terras de *Don* Desiderio. Tocaiados, vestiam roupas que os identificavam como *tahachis*.[25] Na verdade, eram sanguinolentos matadores, contrarrevolucionários guerrilheiros. Muitos. Ao som do tropel dos cavalos, os supostos *tahachis* avançaram contra o landau, sacrificando primeiramente os dois animais com tiros de espingardas; evitando, assim, a possibilidade de uma fuga. Na sequência, *Don* Gerardo e *Doña* Sara. Ambos estúpida e covardemente assassinados a golpes de facão, em uma clara emboscada sem que houvesse

---

25 Do guarani: policial, agente de segurança, soldado.

nenhuma possibilidade de reação. *Doña* Fermina e Kika, por sorte, haviam ficado em Assunção para reverem alguns de seus familiares.

O velho *Don* Desiderio também se salvou do sangrento assalto ao decidir não acompanhar *Doña* Sara de volta à fazenda. Ficaria por alguns dias mais para seguir com entendimentos políticos na capital junto a correligionários da *Unión Nacional Revolucionária*, criada a reboque da *Revolución Febrerista*, mas que não resistiria à retomada do poder pelo Partido Liberal.

Don Desiderio regressou a Canãda Mi logo que soube da chacina. Não suportou a morte de sua amada Sara, tampouco o cenário de terra arrasada e a perspectiva dilacerada de vida deixados pelos invasores no dia anterior. Percorreu todas as partes da propriedade em crescente estado de choque. A cena que encontrou na entrada da fazenda já fora suficientemente impactante. Reconheceu pertences e peças do vestuário de sua esposa como a inseparável mantilha rasgada e banhada de sangue, o broche de camafeu com que a presenteou por ocasião dos dez anos de casados, além do *abanico*, ou leque de madrepérolas, totalmente destroçado dentro do landau. O desesperado movimento dos cavalos, lutando por suas vidas e presos à carruagem, acabou por tombá-la. As carcaças dos animais desfalecidos foram deixadas ao relento, com moscas, carcarás e urubus à volta. Os elegantes estofados do landau completamente retalhados. Não encontrou corpos humanos ali. Caminhou até a sede da fazenda e os encontrou todos amontoados nos salões ainda fumegantes de dentro da casa. Vagou aterrado por entre eles, cobrindo a face com uma das mãos para evitar o mau cheiro que exalava dos corpos desvanecidos, misturado ao cheiro de fumaça de tudo o que fora queimado. Eram muitos corpos. Revirou-os até encontrar o de *Doña* Sara. O grande amor de sua vida havia sido deixado no interior de sua biblioteca, em um estado irreconhecível, desprovido de seus maiores feitiços: a vivacidade de seus olhos, o magnetismo de seu sorriso e sua aliciante autoconfiança. Com dificuldade, ajoelhou-se a seu lado e abraçou-a. Sentiu seu corpo frio, enrijecido, com a cor de quem já não tem pulso, sem vida. Chorou copiosamente sobre a sua espanhola, apertando-a contra si com todas as forças de que ainda dispunha. Tinha a vista embaçada pelo suor e pelas lágrimas em profusão. Um sentimento lancinante e insuportável de uma dor nunca experimentada. Profunda. Estava completamente abalado, atormentado, fora de si. Acomodou o corpo de Sara ali mesmo, onde já estava, sobre o grande tapete de sua biblioteca. Levantou-se vagarosamente e a visão de tudo o que o cercava era de que havia chegado ao inferno. Tudo aquilo era inimaginável. Deu um longo e único suspiro. Arregalou ainda mais os seus olhos aterrados, carregando o semblante como nunca. De seu coldre, sacou sua pistola alemã Mauser C96 semiautomática. Prendeu sua mão direita fortemente sobre o cabo de madeira. Sem hesitar um só instante, apontou-a em direção ao próprio peito, assentou sua vista sobre o corpo prostrado de Sara e apertou o gatilho. Um surdo estampido consumou seu suicídio. Um tiro certeiro no coração, fazendo-lhe tombar e agonizar sobre o cadáver de sua mulher, diante do que havia restado de sua biblioteca, de sua casa e de sua fazenda; diante de um assolado fim de vida.

Don Desiderio era um coronel intelectual. Tinha uma predileção pela literatura clássica e pela filosofia. Esses prazeres o levavam, com certa frequência, a Buenos Aires, na Argentina. Embora tivesse suas reservas contra os argentinos, reconhecia-os como a sociedade com o melhor nível de educação e o maior estoque de diversidade de ideias disponível na região. Era das livrarias e editoras no centro da cidade portenha que encomendava e comprava seus caros livros. Em todas as suas visitas, cumpria parada obrigatória na *Librería del Colegio*,[26] localizada nos arredores da Casa Rosada, na esquina *de las calles Adolfo Alsina y Bolívar*,[27] no tradicional bairro de Montserrat. O nome do estabelecimento vinha do antigo Colégio Nacional de Buenos Aires,

---

26 Do espanhol: Livraria do Colégio.
27 Do espanhol: das ruas Adolfo Alsina e Bolivar.

fundado muito antes pelos jesuítas, em frente à livraria. Ali também funcionava a sede da Editora Sudamericana: um ambiente de livreiros com quem *Don* Desiderio fazia questão de manter uma estreita relação. A importância histórica e política do complexo arquitetônico compreendido por esses edifícios e outros mais nos arredores batizou a área de *Manzana de las Luces*. Nome mais que oportuno para quem, como *Don* Desiderio, buscava iluminar-se.

Não muito longe dali, caminhando por quatro ou cinco quadras mais, da *Calle Bolivar* à *Avenida de Mayo*, chegava a sua outra parada frequente na capital argentina, o Café Tortoni. Fundado em 1858, abrigava os intelectuais e amantes da literatura e da milonga portenha, como o cantor Carlos Gardel e o escritor e poeta Jorge Luis Borges. Em sua última estada, voltou encantado com o então mais recente lançamento de Carlos Gardel: *Por una cabeza*. Tanto assim que comprou a gravação em um disco de vinil de 78 rpm (rotações por minuto) para tocá-lo em seu gramofone Victor, instalado no salão principal de sua casa em Cañada Mi. Era comum ver *Don* Desiderio tomar *Doña* Sara pelos braços para um *pas de deux*,[28] ainda mais quando o tango ou a polca paraguaia dominavam o som do ambiente. Sua encantadora espanhola jamais perdeu a oportunidade de fazer os seus babados ondularem-se pelo salão conduzida pelo seu elegante cavalheiro.

Por una cabeza
Todas las locuras
Su boca que besa
Borra la tristeza
Calma la amargura[29]

---

28 Do francês: passo do balé executado por um dueto.
29 Do espanhol: música de Carlos Gardel e letra de Alfredo Le Pera. Foi lançada em 1935 com muito sucesso. Tornou-se um dos mais famosos tangos até os dias de hoje.
Por uma cabeça
Todas as loucuras
Sua boca que beija
Apaga a tristeza
Acalma a amargura

Foi também no Café Tortoni que ele conheceu o jovem e promissor escritor argentino Julio Florencio Cortázar, ganhador do Prêmio Médicis em 1973 e um dos mais ferrenhos críticos da ditadura de seu país.

Sua reverência aos argentinos era constante; mas, não raro, se dava em tom de reprimenda. Chamava sua biblioteca de *Kurepí*, maneira com que os paraguaios, desde a Guerra contra a Tríplice Aliança — Brasil, Argentina e Uruguai —, se referiam aos argentinos. A palavra em guarani significa "pele de porco", uma referência às proteções dos pés de soldados argentinos de então, feitas com couro suíno. A Guerra do Paraguai deixou heranças amargas aos paraguaios. O velho *Don* Desiderio não perdoava a extensa perda da província de Formosa aos argentinos e a matança indiscriminada que os aliados promoveram em seu país. Natural de Villarrica, não absolvia tampouco as incursões dos bandeirantes paulistas que promoveram vários deslocamentos migratórios da população de sua cidade para diferentes posições geográficas dentro do departamento de Guaíra, a fim de se esquivarem de uma desapiedada conquista dos brasileiros. Esses deslocamentos acabaram por definir a alcunha de Villarrica como *Ciudad Andariega*, ou Cidade Andarilha. A única relação profícua que se permitia com os aliados era com os artistas, escritores, livrarias e editoras platenses. Somente eles podiam lhe fornecer a diversidade de pensamento em duas das três línguas que dominava: o espanhol e o francês. À época, não havia publicações em guarani. A língua indígena era usada unicamente pelos serviçais. Ainda hoje, as publicações são raras; muito embora o idioma seja utilizado em larga escala por toda a população paraguaia e pelos seus vizinhos em áreas de fronteira. *Don* Desiderio dominava o guarani, largamente utilizado em sua fazenda. Havia aprendido, desde moço, na lida diária com os peões da fazenda.

O trágico desenlace familiar de agosto de 1937 e as condições políticas instituídas fizeram com que Ercília se voltasse para uma nova terra, para o Brasil, para o Estado Novo de Getúlio Vargas.

As semelhanças entre os presidentes de então — o paraguaio Rafael Franco e o brasileiro Getúlio Dornelles Vargas — não eram poucas. Compartilhavam pensamentos que se converteram em leis de proteção aos trabalhadores e que, seguramente, aliciaram minha avó ao franquismo e ao getulismo. Às vezes, pergunto-me se essa admiração não teve influência na semelhança dos desfechos de vida de seu pai e do presidente Getúlio Vargas. Para ela, o suicídio de ambos foram atos de heroísmo: dois tiros alvejando corações dilacerados pelas ações de seus detratores. Não aceitava julgamentos outros que não fosse o de laureá-los pela bravura em não transigirem aos seus ideais, de não se deixarem aliciar ou mesmo capturar por seus inimigos. Na impossibilidade de defenderem aquilo em que acreditavam, melhor inexistir. Essa admiração também a ajudou a pavimentar uma saída honrosa para a catequese que recebeu de seu pai, contrária a qualquer ponderação favorável aos brasileiros, pela já conhecida restrição aos aliados. O Brasil seria, portanto, o seu refúgio. Novos tempos.

Acossada pela situação política, vencida pela perda de seus pais e pelo extermínio de Cañada Mi, Ercília estava decidida a cruzar a fronteira, certa de que o país do ditador gaúcho lhe daria muito mais do que guarida, lhe traria visões outras para que, ao voltar, pudesse utilizá-las em favor de um regime que enterrasse definitivamente a penúria do povo paraguaio. Ercília não seria capaz de impingir a si mesma o destino de seu pai. O verdor de sua mocidade não lhe abria essa opção. Ao contrário, ansiava por oportunidades, por esperança, por mudanças. Estava determinada em produzi-las.

No momento do desterro, Ercília já carregava Maria no ventre. O casamento com Carlos lhes rendeu três filhos. A primogênita nasceu em 1938, e os pais, católicos fervorosos, pagaram tributo a *La Virgen María*[30] e à *Muy Noble y Leal Ciudad de Nuestra Señora Santa*

---

30 Do espanhol: A Virgem Maria.

María de la Asunción[31] nome de fundação da cidade de Assunção, a primeira estabelecida pelos colonizadores espanhóis ao longo da bacia do Rio da Prata.

A segunda filha, Luzia, chegou em 1939. Quase cega, resultado da sífilis contraída por Carlos em suas aventuras pelas esquinas da vida, pelas companhias das tardes e noites em casas de jogos, tomadas por cafetinas que agenciavam prostitutas para participarem de apimentados *rendez-vous*,[32] em fétidas alcovas de prostíbulos baratos, ricos castelos ou dos próprios cassinos. Era assim que Carlos alimentava o seu caráter. Um incorrigível hedonista. Santa Luzia, a padroeira da visão, foi invocada por Ercília, com a promessa de que a cura da filha lhe seria paga com a concessão do nome da santa à rebenta. *Fiat lux!*[33] Milagrosamente, Luzia curou-se, recebendo a graça da luz.

Ramón, o caçula, nasceu em 1942. O varão da família deveria evocar um nome de forte ascendência hispânica. Seria ele o herdeiro dos ideais dos Recalde? O sucessor que vingaria *Don Desiderio, Doña Sara y toda la sangre de* Cañada Mi?[34] Um rei guerreiro? Carlos I e seu filho e sucessor Filipe II, pertencentes à Dinastia de Habsburgo, fazem parte da lista dos mais proeminentes reis espanhóis. Natural que Ercília e Carlos considerassem os dois nomes como possíveis para o rebento, mas o casal já não levava uma vida de cumplicidade, amor e respeito há algum tempo. Na visão de Ercília, Carlos seria ainda uma imerecida homenagem ao pai. Pois terminou Ramón, em mais um reconhecimento aos santos católicos. Ercília teve fortes complicações no parto e decidiu pelo nome, em reverência a San Ramón Nonato. São Raimundo Nonato fora um santo espanhol que nasceu arrancado do ventre morto de sua mãe que não aguentou o trabalho de parto, em uma operação absolutamente incomum para

---

31 Do espanhol: Muito nobre e leal cidade de Nossa Senhora Santa Maria da Assunção.
32 Do francês: encontros.
33 Expressão em latim, descrita no livro Gênesis da Bíblia em referência à criação divina da luz.
34 Do espanhol: Desiderio, Sara e todo o sangue de Cañada Mi.

a época, século XIII. O nome Nonato vem de não nato, em espanhol. Carlos ou Filipe, o vingador de Cañada Mi, haveria de esperar para nascer. De qualquer forma, Ercília e Carlos atravessariam suas vidas chamando Ramón somente por sua alcunha: Rei.

É por essa razão que Ercília professou sua fé em uma inabalável admiração a Nossa Senhora, à Santa Luzia e a São Raimundo Nonato, mantendo-os sempre presentes no altar-mor de seu oratório e em suas orações e novenas dedicadas a esse venerável triunvirato católico, até o fim de sua vida.

Ao cruzarem a fronteira, Ercília e Carlos levavam economias do espólio de *Don* Desiderio e de *Doña* Sara, mas os negócios estabelecidos em Ponta Porã e em Campo Grande não lhes davam abasto. A chegada dos filhos aumentou o consumo e acelerou a queda de suas reservas. Uma gravidez pós outra comprometiam a dedicação de Ercília aos negócios de modo pleno. O comportamento boêmio de Carlos não a ajudava. Na verdade, atrapalhava muito. Carlos nunca assumiu as rédeas de sua família e nem dos negócios. Além disso, o rude entendimento que ambos tinham sobre como funcionavam as oportunidades em terras estrangeiras e a falta de relacionamento com a sociedade local abalaram o patrimônio herdado e minaram suas confianças.

Em 1944, tentaram a vida em São Paulo na companhia do cunhado, irmão de Carlos. Lorenzo, mais velho, também havia emigrado. Fez a viagem de uma só vez, de Assunção a São Paulo, sem paradas. Ali radicou-se com sua esposa, *Doña* Tila, em busca de oportunidades melhores do que a desesperança e a constante ameaça de perda de empregos no Paraguai. Formavam um casal distinto e circunspecto. Passavam uma imagem de missionários religiosos. Diferentemente do irmão Carlos, Lorenzo e tampouco Tila nunca se envolveram em projetos políticos. O casal tinha uma devoção mútua. Eram fiéis companheiros que nutriam sobretudo respeito entre si. O oposto de Carlos e Ercília. Moravam em Assunção e eram funcionários do Ministério de Educação e Cultura. Ele, um raso estafeta. Ela, uma desiludida professora dedicada ao ensino de crianças no primeiro ciclo — de seis a nove anos de idade, mas que cumpria trabalhos burocráticos na sede do Ministério. Seus maiores divertimentos estavam ligados à Igreja. Eram fiéis catequistas, vinculados à Catedral Metropolitana de Nossa Senhora da Assunção, muito perto do Ministério.

Desde o Paraguai, o casal tentava, mas não conseguia ter filhos. Submissos aos desígnios de Deus, o convite ao irmão e à cunhada para que os visitassem em São Paulo não tinha outro propósito senão convencê-los de que lhes passassem a guarda de Luzia, então uma menina com cinco anos de idade. A sobrinha passaria a ser uma filha legítima, aliviando assim o desespero de Lorenzo e de *Doña* Tila por uma herdeira. Também atenuaria o aperto de vida do irmão Carlos e da cunhada Ercília. Escolheram cuidadosamente Luzia, para que Carlos e Ercília seguissem mantendo um casal de filhos: a primogênita e o varão. Estavam certos de que o irmão e a esposa não se oporiam e que, mais ainda, lhes seriam gratos. Pois ledo engano! Nada disso! O irmão mais novo puxou a esposa pelo braço, sem resistência da mulher, e acintosamente levantaram acampamento tão logo compreenderam o rumo daquela prosa. Estavam indignados! Jamais renunciariam a um dos três filhos, mesmo que premidos pelas necessidades. Arrumaram as malas e deixaram São Paulo no mesmo dia em busca de outras paragens. Mesmo sem consultar Lorenzo, *Doña* Tila chegou a retirar a proposta, em uma desesperada tentativa de conciliação antes que os cunhados partissem, mas o dano já estava feito. Lorenzo e Carlos não voltariam a se falar. Era *Doña* Tila quem buscava incessantemente a concórdia. Ironicamente ouvida, mais tarde, somente pela própria Luzia, minha mãe. Talvez, pelo interesse em entender o que havia passado, detalhes de sua própria história.

De São Paulo, seguiram viagem para a Capital Federal. Encantaram-se com o Rio de Janeiro, Ercília especialmente. A paisagem do mar e montanhas cobertas por uma densa Mata Atlântica era inédita aos olhos do casal. O Rio de Janeiro era um charme. O prefeito

Pereira Passos havia concluído há trinta anos uma profunda reforma na cidade aos moldes do que o Barão Haussmann, o artista demolidor, havia feito em Paris. O Rio assemelhava-se à Cidade Luz. Era a corte brasileira rodeada pelo comércio e pelas artes, o teatro, a literatura, a música, o cinema, os museus; enfim, tudo o que ainda não haviam visto na vida, nem mesmo em São Paulo ou em Assunção. O único paralelo que traçavam era com as histórias contadas por *Don* Desiderio e por *Doña* Sara sobre Buenos Aires, mas ainda assim a presença deles no Rio legitimava a certeza de que aquela cidade era única e especial. Nunca haviam visitado outro país até o cruzamento da fronteira seca. A pergunta incessante, entretanto, era sobre como ganhar a vida ali. O que fazer? Como adaptar-se? Em São Paulo, Lorenzo havia encaminhado um posto de trabalho para o irmão como vendedor de sapatos na casa de calçados Clark. Carlos não chegou a apresentar-se. Não teve tempo. O forte atrito que tiveram em função da filha Luzia mudou, dramaticamente, o curso dos acontecimentos. E no Rio, com quem poderiam contar? Que rumos tomariam?

Arrumaram-se em uma pequena e antiga hospedaria na Rua Riachuelo, já quase nos Arcos da Lapa. Não tardaram em percorrer a cidade em busca de sustento que pudesse reforçar o caixa e, com o tempo, assentar a vida. Suas economias indicavam a possibilidade de ficarem ali por poucos meses, desde que não cometessem desaforos com o dinheiro. A comunidade paraguaia era muito menor do que em São Paulo e Campo Grande. Os contatos eram difíceis. Nada lhes soava. Perceberam a distância que a cultura de forte influência portuguesa lhes trazia em relação aos seus moldes hispânicos. Os dias se passavam e a aflição foi diminuindo-lhes o tamanho. A cada fim de tarde voltavam à hospedaria sentindo-se pequenos, sós, abandonados, desesperançados. Não conseguiam nenhuma colocação. O idioma era naturalmente um grande obstáculo. Pelas noites, afogavam suas amarguras indo ouvir trovadores e seresteiros na Cinelândia, em uma praça localizada na Avenida Central, hoje Avenida Rio Branco, bem perto de onde estavam hospedados. O ambiente ali era de vida pulsante, com vários bares e teatros ao redor, com pessoas indo e vindo em um *trottoir* sem fim. Os cantores de ocasião entoavam sucessos de Orlando Silva, Vicente Celestino, Francisco Alves, dentre outros. Havia uma canção em especial que lhes tocava a alma. Era a *Última estrofe*, de Orlando Silva. Gravada em um tom de pura melancolia, com uma letra em que um amante, na companhia de um trovador, chora à lua a desventura de ter perdido seu amor. Ercília e Carlos entendiam a *Última estrofe* certamente mais pelos versos de uma torturante solidão e de uma esperança atroz do que pelas saudades de uma ingrata amada.

Lua, hoje eu vivo sem carinho
Ao relento, tão sozinho
Na esperança mais atroz
De que cantando em noite linda
Esta ingrata, volte ainda
Escutando a minha voz

A única e amarga lembrança de casa era o nome da rua em que moravam. Riachuelo celebrava a Batalha Naval do Riachuelo, uma das mais importantes da Guerra do Paraguai, em que a Marinha Brasileira subjugou as forças paraguaias em 11 de junho de 1865, à beira do arroio de mesmo nome na atual província de Corrientes, Argentina. Que infeliz coincidência! À medida que o tempo passava, mais o infortúnio de Riachuelo lhes pesava.

— *Por que seguir como si estuviéramos hundiendo? A mí no me suena que nuestro futuro esté por aquí. Esta gente no habla español y el portugués, aunque semejante, es muy difícil.*

— Por que seguir como se estivéssemos naufragando? Não me parece que nosso futuro esteja por aqui. Essa gente não fala espanhol e o português, ainda que semelhante, é muito difícil.

Ercília concordava com o marido, mas não expressava nenhum reproche à cidade ou aos cariocas. Alguma força magnética a atraía àquele lugar. Era um enigma que ela ainda não desvendara.

— ¡Este Río de Janeiro! — dizia em um tom de interjeição que não implicava julgamento, apenas alguém que se surpreendia com as diferenças. O erre da palavra Rio tinha som palatal e o jota da palavra Janeiro, duplo erre. O acento hispânico sobressaía-se.

Talvez as associações históricas com Getúlio Vargas e o Estado Novo fossem explicações convincentes para o comportamento de Ercília em relação à cidade. Também as lembranças, sempre muito vivas, de seu querido pai e o seu emparelhamento heroico com o presidente brasileiro. Na verdade, não sabia como nem o porquê, mas era o seu interior, os seus bons presságios falando mais alto do que as dificuldades, do que as agruras daqueles dias. Todas as manhãs, olhava para a estátua do Cristo Redentor e se sentia abraçada, tocada em sua alma, revigorada de esperança e certa de que o futuro lhe reservava dias melhores.

Mais tarde, Ercília revelaria todo o seu amor pelo Rio de Janeiro. Seu filho Ramón viria a se estabelecer na cidade para estudar, trabalhar e, por fim, se casar com uma carioca, descendente de portugueses, do bairro de São Cristóvão, próximo ao Maracanã e à zona portuária. Ela acompanharia os passos adultos do filho e da nora, também estabelecendo-se na cidade, no bairro do Catete. Montou sua vida entre o Largo do Machado e os bairros do Flamengo, da Glória, das Laranjeiras, de Botafogo e de Copacabana. Era comum vê-la na Tijuca também, bairro da zona norte da cidade, onde Ramón decidiu montar sua casa com a esposa. Ercília apropriou-se da cultura e permitiu-se enriquecer em seus modos, no jeito de ser e ver as coisas ao transitar conscientemente, sem amarras, entre os lados português e espanhol da América do Sul.

Na hospedaria, de quando em vez, Ercília fazia comentários com o marido, em um tom mais de troça do que de protesto, sempre que ele reclamava da culinária brasileira. Embora tentasse, Carlos não se acostumou com os pratos clássicos servidos no dia a dia da cidade do Rio de Janeiro. Sua dieta não estava atrelada ao arroz, feijão, bife e batata frita (clara derivação do bitoque português), picadinho servido com arroz, farofa, couve e banana da terra ou o carré de suíno com couve. Em definitivo, não gostava de couve. Preferia os pratos da culinária guarani: um *guiso de fideos*, um *locro*, um *soyo*, uma *sopa paraguaya*, uma *chastaca*, um bife *koygua*, um *chipá guasú* ou um *bori bori*. Mil vezes a chipa paraguaia ao pão de queijo mineiro, que, fastidiosamente, concluiu ser um arremedo da primeira. Mesmo as iguarias mais elaboradas como a feijoada ou o cozido, servidos em dias clássicos da semana, como o sábado e o domingo respectivamente, não lhe convenciam. O cozido, então, o intrigava. É um prato tradicional da cozinha portuguesa muito semelhante ao *puchero*, da cozinha espanhola. Ambos são preparados como um caldo à base de carnes, embutidos e verduras, tudo muito bem cozido na mesma panela, daí o nome do prato em português, com temperos e complementos que se diferenciam dependendo das receitas das diferentes regiões de origem. A implicância de Carlos, no entanto, não lhe permitia aproveitar os sabores locais à mesa.

— *¡Me dicen que el cocido es mejor que el puchero! No les puedo creer. ¡No saben comer estos brasileños! ¡El puchero no tiene comparación con el cocido!* — dizia Carlos, em um protesto veemente, azedo e inegociável.

— Dizem que o cozido é melhor do que o *puchero*! Não posso acreditar neles. Esses brasileiros não sabem comer! O *puchero* não tem comparação com o cozido! — dizia Carlos, em um protesto veemente, azedo e inegociável.

| — *Pues hay que invitarlos a comer el puchero que yo preparo para que sepan lo que de hecho es bueno* — respondia Ercília, vendo graça no infortúnio e na desventura de sua primeira e malograda passagem pelo Rio de Janeiro. | — Pois temos que convidá-los a comer o *puchero* que eu preparo para que saibam o que, de fato, é bom — respondia Ercília, vendo graça no infortúnio e na desventura de sua primeira e malograda passagem pelo Rio de Janeiro. |

O único sabor com o qual não ralhava era o das ancas, dos curvilíneos rebolados que o mantinham inebriado e embolado a tantas camas de bordéis e pensões baratas do Rio de Janeiro. Foram várias as vezes em que saía para buscar trabalho e, na verdade, trefegamente desviava seu caminho para frequentar as famosas casas de prostituição da Rua Alice, nas Laranjeiras; ou os suados aposentos das polacas e das francesas da Vila Mimosa, próxima à zona portuária da cidade. Teve mulheres em profusão com uma diversidade de origens que só o Rio de Janeiro havia lhe oferecido até então. Ercília, por sua vez, não passava recibo de ingênua. A essa altura, já sabia da índole *donjuanista* de seu esposo. Era mais uma desilusão que lhe impunha desafios importantes.

Dia após dia, convenciam-se de que não havia saída senão regressarem à lida da tinturaria, a Campo Grande e por lá ficarem. De todas as tentativas que fizeram, São Paulo, Rio de Janeiro, Ponta Porã — com a novidade de ter se tornado um novo Território Federal brasileiro — e Campo Grande, esta última fora a que melhor os acolhera, tanto na alma quanto no bolso. E assim se passou! Em menos de seis meses, haviam abandonado sonhos de que a vida lhes brindaria novos e auspiciosos rumos em São Paulo ou no Rio de Janeiro. Melhor voltar para perto da fronteira, para perto dos costumes e tradições que conheciam. Instalaram-se em uma casa simples alugada na Rua Maracaju, quase esquina com a Rua 14 de Julho, no centro da cidade. Os eventos futuros mostrariam quão certa haveria de ser a decisão de Carlos e Ercília ao optarem por Campo Grande.

Em 13 setembro de 1943, o presidente Getúlio Vargas instalou os Territórios Federais de Ponta Porã, Iguaçu, Guaporé, Rio Branco e Amapá como novas unidades federativas brasileiras. O objetivo era o de defender a soberania brasileira em áreas de fronteira, garantir a unidade do território nacional e combater possíveis invasões, incluindo as culturais, a que o país estava suscetível. A instalação dos territórios era mais um ato dentro de um programa federal denominado Marcha para o Oeste. O Brasil precisava tomar posse de seus imensos sertões vazios.

O Território de Ponta Porã estava compreendido entre os Rios Paraguai e Paraná, em uma região de forte influência dos imigrantes paraguaios, dada a proximidade com o país vizinho e uma extensa faixa de fronteira seca entre os dois países. A decisão de Getúlio Vargas visava a impulsionar o desenvolvimento acelerado da região por meio de uma massiva ocupação militar do sudoeste brasileiro; mas não se atentou às demandas da poderosa Companhia Matte Larangeira e da Liga Sul-Mato-Grossense, criada em 1934 no Rio de Janeiro, que defendiam a divisão completa do sul do estado de Mato Grosso, como hoje conhecemos, junto à Assembleia Nacional Constituinte que promulgou a Constituição de 1934.

A cidade de Ponta Porã viu-se arrastada em uma desgastante disputa com a cidade de Maracaju para ser a capital do novo Território Federal. O nome Maracaju já havia ganhado projeção anteriormente em razão da criação do breve Estado de Maracaju, em 1932. Os sulistas mato-grossenses acompanharam a Revolução Constitucionalista de 1932. O movimento foi liderado pelos paulistas contra o governo provisório de Getúlio Vargas, instaurado em 1930. Com a deflagração da Revolução em São Paulo, no dia 9 de julho de 1932, os sulistas cindiram revoltosamente, sem a anuência da União, o então estado de Mato Grosso e criaram uma unidade federativa com o nome emprestado de uma das mais belas e importantes serras que cortam a região, a Serra de Maracaju, mesmo nome da cidade que, em 1944, disputava o direito de ser capital do novo Território Federal.

O Estado de Maracaju teve sua capital instalada na Loja Maçônica de Campo Grande e durou muito pouco. Foram exatos 84 dias, desde o dia seguinte à deflagração da Revolução Constitucionalista — 10 de julho de 1932 — até o dia 2 de outubro do mesmo ano, data da assinatura da rendição dos paulistas ao governo de Getúlio Vargas, na cidade de Cruzeiro, no Vale do Paraíba, no estado de São Paulo. Em sua maioria, os líderes paulistas da Revolução Constitucionalista foram exilados em Lisboa, Portugal; incluindo o General Bertoldo Klinger, Comandante Supremo do Exército Constitucionalista. Klinger era o general a quem Dom Porfirio havia servido enquanto ele comandara a Circunscrição Militar de Mato Grosso, baseada em Campo Grande desde 1921, quando foi transferida de Corumbá.

O governador do Estado de Maracaju e anteriormente prefeito de Campo Grande por duas vezes, o médico Vespasiano Barbosa Martins, exilou-se inicialmente na Argentina e depois no Paraguai, retornando em 1933 para mais dois mandatos como prefeito da cidade de Campo Grande e dois mandatos como senador da República, representando o então estado de Mato Grosso. Vespasiano e sua esposa Celina tornar-se-iam amigos longevos de Ercília.

O Território de Ponta Porã, por sua vez, também teve vida curta. Foi extinto em setembro de 1946 pelo presidente Eurico Gaspar Dutra — natural de Cuiabá — e reincorporado integralmente ao estado de Mato Grosso. O mesmo decreto presidencial reincorporou o Território de Iguaçu aos Estados do Paraná e de Santa Catarina. Os demais territórios federais, criados em 1943, foram mantidos e, mais tarde, converteram-se nos atuais estados de Rondônia (Guaporé), Roraima (Rio Branco) e Amapá.

Tanto o Estado de Maracaju como o Território Federal de Ponta Porã foram precursores da tão sonhada separação dos sulistas mato-grossenses. O vigésimo terceiro estado brasileiro foi criado pelo presidente Ernesto Geisel somente no dia 11 de outubro de 1977 com o nome de Mato Grosso do Sul. Foi definitivamente incorporado à federação no dia 1º de janeiro de 1979, com sua capital em Campo Grande.

O ano de 1945 chega, e Ercília vê a situação se complicar, com mais e mais dificuldades à já complicada e espartana vida que levavam. Getúlio e Carlos renunciam: o primeiro à presidência da República e o segundo, ao matrimônio, à vida apertada, sufocada e exilada. Carlos não tinha a tenacidade da esposa e inclinava-se cada vez mais à vida desregrada: um farrista, um devasso de fina estampa, um pura pinta. Desde que Ercília chegara ao Brasil até o fatídico ano de 1945, cultivara uma única e inusitada amizade com *Doña Soledad* — Dona Solidão, em espanhol. Não tinha com quem conviver, com quem dividir suas amarguras, seus pensamentos, suas vivências, suas raras alegrias e escassas opiniões. Estava só, a despeito da companhia de seus três filhos pequenos. Tinha sido sequestrada de sua essência. Mantinha seu coração aplastado e sofreado. Os olhos vidrados e craquelados com a imagem da desesperança, da amargura e do cansaço. Precisava abrir caminhos para si mesma, sair daquele apuro, daquela enrascada. A infelicidade que vivia tornava-se cada vez mais perene, mais sequiosa. Era diferente da perda de seus pais e da barbárie de Cañada Mi. Com os pais, resignava-se. De Carlos, queria a liberdade. A separação foi um ato sem drama, sem comoção, sem lágrimas, portanto. Um alívio! Depois de muito tempo, voltaria a respirar, a encher os pulmões e sentir-se viva, a deitar vista sobre horizontes desanuviados. Ansiava pela sua plenitude como mulher, dona exclusiva de seu destino. Aquela fronteira seca cruzada em 1937 e as linhas vincadas diariamente sobre peças das mais diversas fazendas, produzidas a ferro quente nas bancadas da tinturaria, lhe secaram a dor, lhe roubaram o pranto. Deu-se conta que, em 1944, havia cruzado outra linha, diferente da fronteira seca. Uma linha imaginária: a linha de Tordesilhas. Cruzou-a por duas vezes, saindo e voltando para o então estado de Mato Grosso indiviso.

— ¿*Qué país es este?*[35] — perguntava incessantemente a si própria e à amiga *Doña Soledad*. — ¿*Qué tanta gente distinta vive por acá? ¿Qué tanta lejanía una sola línea puede producir?*[36] — Ercília já havia estudado e debatido o Tratado de Tordesilhas com seu pai, mas aquelas idas e vindas em direção à costa atlântica brasileira aguçaram-lhe a percepção de culturas distintas entre os dois lados da linha. Tinha chegado à conclusão que se submeteria a uma nova cultura, a brasileira, ainda que a porção do país à esquerda de Tordesilhas fosse um imenso vazio, desprovida da natural influência lusitana presente na costa atlântica do país. Esse vazio, esse vácuo combinavam perfeitamente com seu momento de vida, com a folha em branco que tinha a sua frente: uma nova vida! Retornar ao Paraguai continuava impossível. Os riscos dessa alternativa permaneciam muito altos. Seria, portanto, em Campo Grande que estacionaria com os seus três filhos para rearrumar-se e quem sabe algum dia voltar.

A pequena cidade espanhola de Tordesilhas, próxima a Valladolid, na Comunidade Autônoma de Castela e Leão, havia produzido, em 1494, um tratado entre os Reinos de Portugal e a Coroa de Castela. Os navegadores portugueses e aqueles patrocinados pelos reis católicos Fernando de Aragão e Isabel de Castela lançaram-se ao mar em busca de descobrimentos, de novos caminhos para as Índias ao final do século XV.

---
35 Do espanhol: Que país é esse?
36 Do espanhol: Quanta gente diferente vive por aqui? Quanta distância uma só linha pode produzir?

Em 1492, Cristóvão Colombo chega às ilhas caribenhas acreditando ter aportado às Índias Ocidentais. À época, acreditava-se que uma navegação da Península Ibérica em direção ao oeste terminaria por alcançar a parte ocidental das Índias. A hipótese de que a terra era redonda já havia sido estabelecida há muito tempo. Entretanto, ninguém imaginava um maciço de terras tão amplamente disposto no meio do caminho, como são as Américas, que pudesse dificultar a chegada às Índias. Somente a viagem de circum-navegação de Fernão de Magalhães, iniciada em 1519 e terminada em 1522, é que confirmaria que as Índias Ocidentais, na verdade, seriam um novo continente, sem ligação alguma com as Índias do continente asiático. A esse Novo Continente lhe atribuiriam o nome de Américas, em homenagem ao navegador, mercador, geógrafo e cosmógrafo florentino, a serviço dos reis espanhóis, Américo Vespúcio.

Foram muitos os acordos negociados entre os países ibéricos, riscando paralelos e meridianos que delimitariam os direitos de Portugal e Espanha sobre terras descobertas em suas expedições marítimas. O primeiro deles foi o Tratado de Alcáçovas-Toledo, assinado em 1479 na cidade espanhola de Toledo e que reconhecia como portugueses a ilha da Madeira, o arquipélago dos Açores, Cabo Verde e a Costa da Guiné, conhecida como Costa da Mina, na África. Da mesma forma, o tratado dava como castelhanas as Ilhas Canárias. Também definia que os reis católicos, Isabel de Castela e Fernando de Aragão, renunciavam à exploração marítima do Atlântico Sul além do paralelo 27, ao sul do Cabo Bojador ou das próprias Ilhas Canárias. Foi tantas vezes incumprido que o substituíram por outro, o mais longevo deles: o Tratado de Tordesilhas, que resistiu até 1750. O papa Alexandre VI, nascido em Valência, no Reino de Aragão, já havia tentado traçar anteriormente a linha que dividiria o mundo entre Portugal e Espanha, privilegiando os reis católicos; mas foi Tordesilhas que de fato vingou.

Outro importante tratado foi o que deu origem ao antimeridiano de Tordesilhas, assinado em 1529 e denominado de Tratado de Zaragoza. Tordesilhas e Zaragoza se complementavam. Fechavam um círculo completo sobre a Terra de modo a tê-la cindida verticalmente em duas meia-circunferências, uma para cada país. O Tratado de Tordesilhas estabelecia a criação de uma linha longitudinal ao globo, um meridiano a 370 léguas a Oeste da Ilha de Santo Antão, no arquipélago de Cabo Verde, na África. As terras a Oeste dessa linha seriam consideradas de propriedade dos reis católicos e aquelas a Leste seriam de posse da coroa portuguesa. O Tratado de Zaragoza, por sua vez, riscava um meridiano a 297,5 léguas ao extremo leste das Ilhas Molucas, atual território da Indonésia, invertendo as indicações de possessão definidas por Tordesilhas: a Leste estariam as possessões da coroa espanhola; e, a Oeste, as lusitanas. O mundo estava, então, repartido entre dois reinos: Portugal e Espanha.

Desde a chegada de Pedro Álvares Cabral e suas caravelas ao Brasil em 1500, até 1750, data da expiração do Tratado de Tordesilhas, foram duzentos e cinquenta anos em que mais da metade do atual território brasileiro esteve sob a tutela da coroa espanhola. A linha estabelecida das imediações de Belém do Pará até a cidade de Laguna, em Santa Catarina, fez com que os atuais estados do Rio Grande do Sul, Mato Grosso do Sul, Mato Grosso, Rondônia, Acre, Amazonas, Roraima, Amapá, quase a totalidade das áreas dos estados do Paraná e de Santa Catarina, uma parte significativa dos estados de São Paulo, Goiás, Tocantins e Pará, além de uma parte menor do estado de Minas Gerais, no Triângulo Mineiro, fossem espanhóis. Como se serviram da bacia do Rio de La Plata para colonizarem o sul do continente americano, ainda hoje é natural encontrar uma grande influência hispânica em estados da fronteira, especialmente no sul e sudoeste do Brasil, em áreas fronteiriças densamente povoadas. A influência portuguesa é sensivelmente menor na parte ocidental da linha de Tordesilhas, ainda nos dias de hoje.

Ercília tinha razão em achar que São Paulo e, mais ainda, o Rio de Janeiro, muito pouco tinham de semelhante a sua realidade, ao seu modo de ser e viver. Sentia naquele quase palíndromo numérico, desde a instituição do Tratado de Tordesilhas, em 1494, até o ano corrente de 1944, que os quatrocentos e cinquenta anos decorridos não haviam sido suficientes para *borrar*[37] Tordesilhas. Havia um Brasil da costa muito diferente do Brasil das fronteiras ocidentais. Em sua humilde avaliação, quase irreconhecíveis. Especialmente no Rio de Janeiro. Tinha convivido com uma sociedade de culturas e costumes mesclados, mas sem nenhuma alusão às características hispânicas. Uma sociedade que ia de filhos de escravos negros a fidalgos — filhos d'algo, segundo o historiador e sociólogo Sérgio Buarque de Holanda, herdeiros de costumes da nobreza portuguesa, mas desprovidos de títulos oficiais da monarquia. Supunha que os modelos ibéricos de colonização guardassem alguma semelhança entre si; descobriu, no entanto, que não. Portugal era uma coisa e Espanha, outra. Os negros não alcançaram as terras do *Virreinato del Río de la Plata* como fizeram na ligação atlântica entre a África e o litoral do Brasil. O trabalho compulsório imposto aos povos locais sul-americanos pelos espanhóis fez com que o escravagismo hispânico tivesse contornos raciais indígenas, bem diferentes dos observados no Brasil, que apesar de tentar arregimentar os indígenas, abusou e usurpou aviltantemente da força africana.

O pai da História Brasileira, Frei Vicente do Salvador, soteropolitano de nascimento e de morte, foi quem primeiro relatou uma insistente idiossincrasia brasileira: "Desde os primeiros anos do Brasil Colônia, os portugueses não enxergavam a largura que a terra do Brasil tem em direção ao sertão. Apenas arranham-se ao longo do mar como caranguejos."

---

[37] Do espanhol: apagar.

A primeira forma de administração territorial implementada em 1534 pela Coroa Portuguesa no Brasil, exatos 34 anos após a chegada de Pedro Álvares Cabral, foram as capitanias hereditárias. Fatiavam o Brasil horizontalmente em camadas que partiam do meridiano de Tordesilhas e chegavam à costa. As capitanias já eram uma forma de organização política do território ultramarino português antes de serem propostas ao Brasil. A ideia de ter um vassalo da coroa, conhecido como um capitão de terras, com o objetivo de povoar e colonizar as terras, para assim fazer prosperar o estado português, já havia sido adotada tanto na Madeira como nos Açores. Mesmo no Brasil, a concessão da Ilha de São João já havia sido feita em 1504, pelo rei Dom Manuel I — o Venturoso. Contemplou o rico comerciante e armador Fernão de Loronha, grande explorador de pau-brasil, tornando-se essa a primeira capitania brasileira. Mais tarde, o arquipélago assumiria o nome de seu capitão, ajustado à uma versão moderna: Fernando de Noronha.

Estudos mais recentes sobre o desenho das capitanias brasileiras propõem uma leitura diferente às unidades da então porção norte da colônia, traçando-as verticalmente a partir do limite norte da capitania de Itamaracá, acompanhando, dessa forma, a silhueta da costa brasileira voltada mais à linha do Equador do que ao eixo do meridiano de Tordesilhas. Seja qual tenha sido a organização política prevalecente, a teoria de Frei Vicente do Salvador é incontroversa.

Não havia capitania brasileira que não desse à costa, afinal esse era o elo com as expedições exploratórias, mercantis ou militares com a metrópole. Esse modelo de organização acabou por fomentar a navegação de cabotagem para a ligação entre as diferentes capitanias ao longo de nossa extensa costa. Ampliaram-se o comércio e a prosperidade, arraigando sempre os brasileiros às praias, como caranguejos descritos por Frei Vicente. Esses caranguejos continuamente presos à costa atlântica foram desafiados em algumas grandes ocasiões ao longo de nossa história: (i) os ciclos econômicos, especialmente da cana-de-açúcar, do ouro, do café e da borracha; (ii) as expedições de conquista e ocupação do Grão-Pará e Rio Amazonas; (iii) os bandeirantes e suas bandeiras que se levantaram à conquista dos sertões, ao desbravamento das Minas Gerais, de Goiás uno, dos Matos Grossos, de terras do Meio-Norte brasileiro, do Sul do país e até mesmo além de nossas atuais fronteiras, alcançando o Paraguai e a Argentina; (iv) a Marcha para o Oeste empreendida pelo governo Getúlio Vargas, durante o Estado Novo; (v) a construção e inauguração de Brasília pelo presidente Juscelino Kubitschek; e, mais recentemente, (vi) a abertura de novas fronteiras agrícolas com o uso de tecnologias adaptadas, alterando o perfil de desenvolvimento do país na sua matriz de geração de valor e na geografia de origem dessa riqueza.

Ercília constatava que os modelos português e espanhol tinham grandes diferenças. São Paulo e Rio de Janeiro pertenciam a um outro mundo: o lusitano, de origem remontada à província romana de Lusitânia, com capital em Emérita Augusta, atual Mérida, na Espanha. Exigir-lhe-iam muito para que pudesse se adaptar. Não seria impossível; mas muito... muito custoso, pelo menos naquela ocasião. Compreendia, finalmente, que o seu momento de vida não era mirar o passado, mas angariar simultaneamente resiliência, tenacidade, flexibilidade, fibra e garra. Ao exilado, a superação! A força de seu idealismo romântico, típico das idades em que jovens acreditam que podem mudar o mundo, começava a ratear. Um motor que já não conseguia atingir o ápice de seu torque. Via-se fadada a um desterro com dificuldades que não esperava: o primeiro do Paraguai ao Brasil, cruzando a fronteira seca; e agora, o segundo, cruzando e recruzando a linha de Tordesilhas, em movimentos baldados, frustrados, que lhe tolhiam prumos e em que colhia desalinhos. Perguntava-se: como readaptar-se, como reinventar-se? Se falhasse na tarefa, sucumbiria. Não seria esse o destino que escreveria para si mesma. Mesmo depois de quinhentos e trinta anos de sua assinatura e duzentos e sessenta e quatro anos de sua extinção, entendeu Tordesilhas como um desafio somente agora vencido sob o seu ponto de vista. Pois que seja Campo Grande! Um Campo... Grande... para escrever suas novas páginas de vida, seu recomeço, sua reconstrução.

O RUBICÃO

O ser humano tem inefáveis belezas que, em situações como as vividas por Ercília, emergem de seu interior, de sua alma: aprender com as dificuldades e com os obstáculos da vida; desenvolver cascas, armaduras que lhe permitam machucar-se menos com as batalhas que trava; e, coragem, coragem, sempre a coragem para afrontar as tormentas e as borrascas da vida.

Resignada, Ercília descobriu que era hora de cruzar outra linha: o Rubicão. Essa seria a sua terceira, logo após a fronteira seca e Tordesilhas. De 1937, quando emigrou para o Brasil, até o ano de 1948, Ercília havia, na verdade, acampado figurativamente às margens do Rio Rubicão, sem nunca ter se dado conta. Um duro e longo bivaque de onze anos. Sofria com os movimentos pendulares patrocinados por suas próprias dúvidas, pela instabilidade de tomar uma decisão que lhe desenharia o futuro e pelo desejo de algum dia retornar ao seu país.

A situação política no Paraguai em 1945 esboçou um esperançoso alento a Ercília. Havia a possibilidade real de um retorno iminente, de um regresso às suas origens, à cuna de Cañada Mi, de *Don* Desiderio e de *Doña* Sara. Após o término da Segunda Guerra Mundial, o presidente Higínio Morínigo Martínez, um militar linha dura que governava o país em um regime ditatorial desde 1940, quando suspendeu a Constituição e suprimiu os partidos políticos, resolve flexibilizar o regime e restituir direitos políticos aos seus adversários. Estava absolutamente convencido de que a vitória dos Aliados na Segunda Guerra Mundial merecia o reposicionamento do país com os conceitos defendidos pelos países vencedores: liberdade e democracia. Tanto assim que permitiu inclusive o retorno de exilados políticos e articulou a formação de um governo de coalizão entre o Partido Colorado e a Concentração Revolucionária Febrerista, liderada justamente pelo ex-presidente Rafael Franco, líder da *Revolución Febrerista* de 1936.

As notícias cruzaram rapidamente a fronteira e alcançaram os ouvidos de paraguaios exilados ou refugiados no exterior, incluindo Ercília. A boa nova era um doce bafejo dos deuses, pois o Franquismo tinha fortes laços com a família de Ercília. Seria um sonho que lhe devolveria vida, recuperaria sua autoestima, recobraria forças e lhe abriria horizontes. Um momento mágico para quem acumulava lembranças de duros golpes e cicatrizes, desde que deixara o seu país.

Esse generoso período, promovido pelos benfazejos e inesperados lufos de prosperidade democrática do presidente Higínio Morínigo, ficou conhecido na história paraguaia com o sugestivo nome de Primavera Democrática. No entanto, disputas hostis pelo poder e a completa ausência de legítimo espírito democrático dos líderes do pacto de governabilidade terminariam por abreviar esse período, reduzindo-o a meros seis meses de concertação. Durante a Primavera Democrática, o presidente Higínio Morínigo fomentou uma clara preferência pelo Partido Colorado e seus dirigentes, o que provocou um desequilíbrio na coalizão e uma consequente renúncia de Rafael Franco àquela aliança.

A retirada dos febreristas, após pesadas distensões com o presidente Morínigo e com o dileto e apaniguado Partido Colorado, culminou em um acordo dos franquistas com o arquirrival Partido Liberal e com o PCP — Partido Comunista Paraguaio. Rafael Franco arquitetou e manobrou revoltas de caserna e conseguiu, assim, dividir as Forças Armadas. Instituiu uma nova governança militar, devidamente empossada na cidade de Concepción (a cidade natal de Carlos) e diametralmente contrária ao presidente Morínigo. A escalada desses movimentos desencadeou uma sangrenta Guerra

Civil no ano de 1947, a Revolução dos Pynandí, ou Revolução dos Pés Descalços, na tradução do nome original em guarani, em alusão ao alistamento da população pobre e desamparada do Paraguai para lutar contra os comunistas.

A Revolução dos Pynandí contava com o apoio financeiro dos Estados Unidos da América e com um aguerrido suporte logístico da Argentina por meio do envio de embarcações abarrotadas de armas e munição. O governo paraguaio estava, portanto, suficientemente apoiado pelos presidentes Harry Truman e Juan Domingo Perón. Com o decorrer dos conflitos, o presidente Morínigo e Rafael Franco teceram um acordo que retiraria os febreristas da aliança com os comunistas. Esse movimento abriria ainda mais espaço para uma encarniçada e cruenta perseguição aos insurgentes liberais e comunistas. Essa brutal caçada foi comandada por militares, incluindo o então coronel Alfredo Stroessner, futuro presidente do país. Stroessner seria empossado em 1954 como presidente da república e deposto em 1989, tendo sido o último dos ditadores paraguaios por longos trinta e cinco anos. A Revolução dos Pynandí produziria um alarmante número de mais de trinta mil refugiados que cruzariam as fronteiras paraguaias, especialmente com a Argentina.

Ercília acompanhava atenta e sagazmente todos os movimentos, desde a bonança da Primavera Democrática até a eclosão da Guerra Civil. Deu graças ao espírito cauteloso e desprovido de ímpetos que herdou de *Don* Desiderio. Era preciso tempo e parcimônia para julgar os movimentos políticos de seu país. Mesmo falecido, era às lembranças e reminiscências de seu pai que ela recorria nos momentos de aperto e nas situações que exigiam a tomada de importantes decisões. O presidente Higínio Morínigo governaria o Paraguai até meados de 1948, convidando involuntariamente Ercília ao cruzamento definitivo de sua terceira linha: o Rubicão. Já não viveria a mesma vida de antes. Já não acalentaria os sonhos de um retorno, de reconquista de seu passado. A Primavera Democrática foi fugaz e deu a Ercília a visão de que seu retorno ao Paraguai seria definitivamente impossível. Era uma mulher descasada, com três filhos pequenos, impelida a uma vida de pura austeridade. Era imperioso olhar para o futuro, ter visão prospectiva, de quem quer construir o novo. Não acreditava mais em distensões políticas genuínas. O episódio da Primavera Democrática fez com que desenvolvera aversão à fome de poder. Questionava intensamente os acordos costurados com Deus e o diabo para garantir uma entronização, uma ditadura de puro despotismo e de perseguição às liberdades. Além disso, voltar para quê? Para onde? Para quem? Não havia mais nada, mais ninguém.

O Rubicão de Ercília não foi diferente do verdadeiro cruzamento dessa linha, desse rio, protagonizado pelo general romano Júlio César. Descobriu, já madura, *con algunas cañas que solían hacer nido em su pelo*,[38] que a comparação lhe cabia como uma oportuna alegoria. Seria mais uma contribuição de *Don* Desiderio. O velho esmerou-se em deixar passagens da longa história de Roma talhadas na memória ainda pueril de sua mais fiel seguidora, a filha Ercília. Para ela, o Rubicão representava um cruzamento sem retorno, uma transposição que uma vez executada não haveria ponto de retorno. Pois era exatamente isso que se propunha a fazer: sepultar quaisquer esperanças de retorno, de contribuição política com o Paraguai; eliminar os menores e mais recônditos rastros de seus propósitos relacionados à vida pública.

Roma nunca permitiu que as suas tropas militares adentrassem a cidade. Essa limitação preservava intacto o exercício do poder por seus cônsules, senadores e administradores públicos, sem nenhuma interferência de oficiais militares de alta patente que pudessem conspirar ou arquitetar movimentos amotinados de suas legiões em

---

[38] Do espanhol: com algumas madeixas brancas que insistiam em aninhar-se em seu cabelo.

prol de alguma tese contrária à liberdade de exercício do poder previsto aos mandatários, magistrados, cônsules, senadores, tribunos, pretores e questores. Uma entrada forçada das legiões romanas era tida como um desafio ao *status quo*, um confronto direto ao regime, um golpe de estado — *un coup d'État* — promovido pelo general que as conduzisse. O Rio Rubicão era um tímido curso d'água, situado ao norte da Itália, que delimitava os domínios da província da Gália Cisalpina com os domínios da cidade de Roma. Aos generais, era permitido cruzar a linha do Rubicão, desde que desacompanhados de seus soldados.

Ocorre que, em sua implacável perseguição a Pompeu Magno, Júlio César, depois de obedientemente deter as suas tropas antes do Rio Rubicão acampando às suas margens, decidiu desafiá-lo. Cruzou-o em companhia de suas tropas e provocou um dos mais importantes marcos da história de Roma: a Guerra Civil Cesariana e sua condução ao poder como ditador. Esses eventos culminariam, mais tarde, na transformação da República em Império Romano.

Juntamente com Marco Licínio Crasso, Júlio César e Pompeu Magno formavam o Primeiro Triunvirato da República Romana. Era uma aliança informal em busca de maior influência sobre os senadores de Roma e a defesa de alguns interesses, especialmente os de Pompeu e de Crasso, cujos momentos de carreira não aglutinavam apoio suficiente dos senadores em favor de seus projetos.

Em sua irrefreável sede de poder e de mais conquistas, Marco Licínio Crasso, nomeado governador da província romana da Síria, decide invadir o vizinho Império Parta, também conhecido como Império Arsácida (hoje situado nos domínios do Irã), cruzando o Rio Eufrates e enfrentando o inimigo em uma estratégia que se mostrou incorreta. As tropas partas tinham habilidosos arqueiros montados, que conseguiam atirar com precisão tanto para frente como para trás: o famoso tiro parta. Na Batalha de Carras, diante da bem-formada e habilidosa força parta, Marco Crasso recusou um recuo de suas tropas para um reagrupamento e composição de uma nova estratégia; ao contrário, exigiu que elas avançassem e, assim, sucumbissem ao inimigo. Esse episódio da história de Roma culminou com a sua morte e por cunhar a expressão "erro crasso".

Embora fosse quase seis anos mais velho, Pompeu Magno chegou a ser genro de Júlio César. Sua esposa Júlia e seu filho faleceram por complicações no parto. Um ano mais tarde, com a morte de Marco Crasso, e já sem vínculo familiar, acirram-se as disputas pelo poder entre os dois triúnviros remanescentes. Tanto Pompeu Magno como Júlio César angariaram fama e poder como generais responsáveis pelas incursões e conquistas militares mais significativas até então. O primeiro na Sicília, no Norte da África, no Egito, na Península Ibérica e na Ásia, alargando os domínios de Roma até os limites do Mar Negro e do Cáucaso. O segundo, na Gália, na Britânia e na Germânia.

Enquanto Júlio César conclui a conquista da Gália e sua gestão como governador das províncias gaulesas e da Ilíria, em Roma, Pompeu articula uma série de movimentos para que ele próprio se converta em ditador e para recrudescer ânimos contra Júlio César, acusando-o de insubordinação ao se recusar a dispensar suas quatro legiões de soldados e retornar a Roma. Pompeu tinha a aquiescência do Senado. Júlio César se vê acuado e decide cruzar o Rubicão em companhia de seus legionários em uma longa perseguição a Pompeu Magno. Ao cruzá-la, cunhou a famosa frase em latim *Alea jacta est*, algo como "A sorte está lançada". O movimento de Júlio César não tinha volta. Tinha, na verdade, consequências imprevisíveis. Estava disposto a dar a vida para que sua empreitada fosse exitosa. Perseguiu, incansavelmente, Pompeu até descobri-lo morto, assassinado em Pelúsio, no delta do Rio Nilo, Norte do Egito, por tropas locais que preferiram eliminá-lo a ter que enfrentar a bárbara formação legionária de Júlio César, tão bem conhecida por sua ferocidade, agilidade e precisão. Júlio César não perdoou aqueles que se anteciparam a ele na caçada a Pompeu Magno. Esperava enfrentar pessoalmente Pompeu.

Assim como Júlio César, Ercília cruzou o seu Rio Rubicão. Apropriou-se da frase em latim *Alea jacta est* e lançou sua sorte aos desígnios de um futuro desvinculado de um potencial retorno ao Paraguai. Esse é o paralelo que se estabelece e que ambos transpassam. Por onze longos anos, desde que atravessara a fronteira seca, em 1937, esteve metafórica e imaginariamente às margens do Rio Rubicão, sem se dar conta, sem conhecê-lo. Esses onze longos anos foram aos poucos molhando-lhe os pés, moldando-lhe as ideias e redefinindo-lhe ideais. O Rubicão de Ercília prenunciava uma nova vida no Brasil, sem volta, com seus três filhos pequenos e nenhum apoio. Uma nova língua, novos costumes, descasada, com pouco dinheiro e sem patrimônio; mas com uma imensa determinação e uma certeza audaciosa de busca inegociável pela vitória até os confins de seus domínios, exatamente como fez Júlio César. Abandonou dúvidas e incertezas e revestiu-se de coragem, de confiança para uma nova vida. O Pompeu Magno que perseguiria seria o seu próprio êxito. Não sossegaria enquanto não o alcançasse.

Ercília sentia que tinha seus finados pais, *Don* Desiderio e *Doña* Sara, a sua volta, segregando-lhe caminhos, produzindo-lhe fé e aumentando-lhe a segurança de que tanto precisava. Essa confiança lhe remetia, mais uma vez, à rica biblioteca de seu pai — *Kurepí* — aquela destruída pelos seus inimigos. Quando menina, tinha longas conversas com *Don* Desiderio sobre a história de povos e civilizações, sobre os avanços e desafios da humanidade. Seu pai era um humanista convicto. Um amante de Auguste Comte e do positivismo. Ercília apreciava os conceitos da racionalidade e do cientificismo; mas, seguramente, por influência da mãe, soube abraçar a religiosidade e combiná-la com os pensamentos herdados do pai em autênticos rasgos do humanismo cristão e do humanismo renascentista. Reconhecia e ecoava a formação e os conceitos da social-democracia e do liberalismo social progressista, que também recebera do pai. Não acreditava no comunismo e tampouco o aceitava. Quando lhe convinha, em arroubos de graça, esperteza e sabedoria, sabia incorporar como ninguém o misticismo para fazer valer os argumentos racionais que formavam o pilotis de sustentação de seu caráter. Sua sólida formação e habilidades foram desenvolvidas e cultivadas com a participação dosada e equilibrada de seus genitores e das contínuas leituras que fazia como assídua frequentadora do rico acervo de *Kurepí*.

Don Desiderio abusava de garbo e galhardia. Vestia sempre elegantes ternos Oxford lisos de puro algodão ou seus costumes preferidos feitos em linho branco. Era comum vê-lo em bem-cortadas calças, acompanhadas de camisas de mangas curtas, semelhantes às *guayaberas*.[39] As longas eram muito raras. Todas muito bem-cosidas em cambraia de linho pelos melhores alfaiates de Assunção. Suas roupas faziam frente ao clima quente e úmido da região na maior parte do ano. Quando ao sol, tinha como companhias inseparáveis um de seus legítimos chapéus panamá, importados diretamente do Equador, com *toquilla*[40] de excepcional qualidade. Outra companhia indissociável que tinha era do seu cachimbo Dunhill, modelo Billiard em clássica madeira briar, que mesmo apagado era sustentado à boca. Alimentava-o com *flakes*[41] de tabaco de alta qualidade, produzidos pela tradicional marca britânica Samuel Gawith, no velho estilo *navy cut*.[42] Eram raros os *twists*, de aromas excepcionais, que conseguia; mas eram esses os que lhe proporcionavam o prazer de picar o fumo de rolo à ponta de afiados canivetes de bolso alemães da marca Rostfrei. Depois de cortado, o fumo era calmamente disposto no fornilho de seu cachimbo para queimar com a incandescente brasa e gentilmente harmonizar-se com um potente *dark rum*[43]

---

39 Do espanhol: típica camisa masculina de linho muito utilizada na maioria dos países hispano-americanos e considerada um item de vestuário que combina tradição e estilo para uso durante os dias de verão.

40 Do espanhol: palha com a qual são confeccionados manualmente os chapéus panamá. Os autênticos chapéus panamá são originários do Equador, tendo recebido esse nome depois de serem largamente utilizados pelos engenheiros estadunidenses durante a construção do Canal do Panamá.

41 Do inglês: flocos. Quando utilizada no contexto da indústria tabagista, denota lascas de fumo.

42 Maneira como os marinheiros em alto-mar cortavam seus tabacos, com bem-afiadas facas, criando lascas de tabaco que alimentavam os seus pitos.

43 Tipo de bebida com alta gradação alcoólica, obtida da destilação da cana-de-açúcar e do melaço e envelhecida em tonéis de carvalho.

jamaicano ou com os vinhos fortificados Jerez — *Fino, Manzanilla, Amontillado, Palo Cortado* ou *Oloroso*, todos da mesma ensolarada Andaluzia de sua esposa. Tinha alguma reserva contra os Pedro Ximenez por achá-los demasiadamente densos, licorosos, mais complexos ao seu paladar. Descansava o cachimbo somente quando à mesa ou para dormir. Tinha o hábito de caminhar pelos salões de sua casa e pela biblioteca *Kurepí* enquanto recitava grandes autores, frases e discursos célebres. Mantinha o pito constantemente à mão, como uma batuta, para que lhe servisse de complemento gestual, o que nitidamente enfatizava sua verve e eloquência. Era um homem de porte alto, bem-posto e cordial. Curado pelo sol, apesar de seu constante chapéu panamá, assentado sobre a testa e sobre suas madeixas grises. De sua farta erudição sobre os pensadores, nutria clara preferência pelos pensadores e autores franceses. Era comum ouvi-lo de outros cômodos da casa, falando sozinho, recitando em francês. Mais comum ainda encontrá-lo nos saraus ou tertúlias com a presença de amigos e da família, fazendo sempre bom uso de seu repertório para divertir a si e aos outros.

A esposa lhe conferia ainda mais segurança para conquistar e aproveitar todos os seus gozos. Tinham uma relação de muito respeito. Admirava sua sevilhana por ser uma mulher culta e moderna, à frente de seu tempo. *Doña* Sara desbordava um donaire inigualável, típico de quem possuía boa formação, de quem conhecia o mundo e não se restringia aos domínios do alcance de sua vista. Era diferente da maioria das outras mulheres que, à época, colocavam-se em uma posição de subserviência aos seus companheiros. *Doña* Sara não sabia o que era subserviência. Trazia a mistura de culturas díspares e amalgamadas do sul da Espanha. Seu catolicismo era ao mesmo tempo profundo e inclusivo, daqueles que se permitem conhecer e conviver com as possibilidades e os alcances do sincretismo, especialmente fundeado pela tríade andaluza composta pelos cristãos, muçulmanos e judeus, habitantes daquela região ao longo de tantos séculos.

Da profusão de interessantes conversas sobre história com seu admirado pai, de suas citações retóricas e quase teatrais, Ercília manteve vivos em sua mente os romanos Júlio César, Pompeu Magno e Marco Licínio Crasso como se fossem personagens de fábulas infantis. Ainda mais presentes, havia os franceses como Voltaire e o habilidoso político George Jacques Danton. Preservava intactas as imagens onipresente e viripotente da performance do velho, com seu inseparável cachimbo, regendo tempos, do *andante* ao *alegro*, quase *vivace*,[44] articulando sempre o que lhe convinha em uma empostada e muito bem audível voz. Com domínio irretocável do idioma francês, citava o aclamado discurso do então ministro da justiça — George Jacques Danton — proferido à Assembleia Nacional Francesa em 2 de setembro de 1792. A última frase do breve e enérgico discurso, convocando os concidadãos à salvação da França, turra a cabeça de Ercília:

*Pour les vaincre, messieurs,
il nous faut de l'audace, encore de l'audace, toujours de l'audace,
et la France est sauvée.*

Para derrotá-los, senhores,
precisamos de audácia, ainda mais audácia, sempre a audácia,
e a França estará salva.

A França encontrava-se em guerra, em plena revolução. O rei Luís XVI e sua rainha Maria Antonieta haviam sido destronados, interrompendo o período conhecido como *L'Ancien Régime*, ou o Antigo Regime, período entre os séculos XV e XVIII com uma organização social, econômica, religiosa e política que foram abolidos pela

---

44 Do italiano: tempos musicais medidos em BPM (batimentos por minuto). Indicam a velocidade que um compasso deve ser executado: andante — ritmo agradável e compassado; allegro — ritmo ligeiro e alegre; vivace — ritmo rápido e vivo.

Revolução Francesa. Os ecos do crescente pensamento iluminista cobravam preço alto à longeva monarquia absolutista francesa. Outras monarquias europeias preocupavam-se com o que se passava na vizinha França. A Áustria — terra natal de Maria Antonieta e governada por seu irmão, o arquiduque Leopoldo II —, a Prússia e o Reino da Sardegna (Piemonte), racionalmente temerosos de que a Revolução Francesa incitasse movimentos semelhantes em seus domínios, aliam-se para invadirem a França, restaurar-lhe a monarquia e aproveitarem-se de um eventual espólio de guerra de um país incendiado e visceralmente revoltoso.

Após as quedas das fortalezas de Longwy e de Verdun, localizadas na região do Grande Leste e tomadas pelos invasores austro-prussianos, o exército francês se reorganiza por meio de um massivo e bem-sucedido alistamento popular, denominado conscrição. As numerosas fileiras de conscritos franceses fariam frente a um exército de gestão oligárquica, que arregimentava mais mercenários do que idealistas.

A Batalha de Valmy, também no Grande Leste francês, realizada em 20 de setembro de 1792, é o ponto de inflexão. Demonstra à Europa o poder da Revolução Francesa e a magnitude do engajamento popular na defesa de seus ideais. O embate afasta as tropas inimigas aliadas e impulsiona a decretação da Primeira República Francesa no dia seguinte, em 21 de setembro de 1792. Era a consumação do fim. O ponto final do absolutismo francês. O fecho de cerca de mil anos de monarquia francesa e de duzentos anos da dinastia de Bourbon.

A icônica Queda da Bastilha, em Paris, no dia 14 de julho de 1789, abriria caminhos para a Era Napoleônica. A decapitação do soberano Luís XVI em 21 de janeiro de 1793, na *Place de la Révolution*,[45] hoje conhecida como *Place de la Concorde*,[46] em Paris, é o fastígio final: uma cabeça como um troféu.

---

45 Do francês: Praça da Revolução.
46 Do francês: Praça da Concórdia.

A França voltaria a ser um Reino no período conhecido como a Restauração Francesa; mas seu Delfim — *Dauphin* —, título de nobreza usado para identificar os príncipes herdeiros ao trono durante as dinastias de Valois e de Bourbon, não seria mais o filho de Luís XVI. Luís XVII morreria precariamente em 1795, aos 10 anos de idade, depois de mantido preso na Torre do Templo, uma antiga fortaleza medieval em Paris, construída pela Ordem dos Templários a partir de 1240 e posteriormente convertida em masmorra. Símbolo do martírio monárquico francês, Napoleão Bonaparte resolve entregá-la à demolição em 1808 a fim de evitar que se convertesse em um local de peregrinação para os monarquistas.

A Restauração Francesa seria feita pela recondução ao trono de Luís XVIII, irmão de Luís XVI, depois do fim da Era Napoleônica, também conhecida como Primeiro Império Francês. A Revolução Francesa provocaria uma sucessão de regimes diferentes na França em claros movimentos pendulares entre três monarquias constitucionais, dois impérios e cinco repúblicas que acabariam por moldar e depurar um dos mais emblemáticos regimes democráticos do mundo.

Ercília repetiria silenciosamente em sua mente, até o fim da vida, a frase de Danton, lembrando sempre que havia nascido no mesmo dia e mês da Batalha de Valmy, 20 de setembro, com uma diferença de cento e vinte e dois anos até o ano de 1914. Não acreditava em meras coincidências. Tinha fé e a praticava em seus atos e orações. Sabia que estava em suas mãos escrever o próprio destino e que Deus o legitimaria. Esse seria o ponto de inflexão de sua vida. *Vive la Révolution!*[47]

Il nous faut de l'audace, encore de l'audace, toujours de l'audace.

Precisamos de audácia, ainda mais audácia, sempre a audácia.

---

47 Do francês: Viva a Revolução!

Estava determinada a não voltar mais ao Paraguai. O desejo de restabelecer suas bases em Asunción ou em Villarrica estava demolido, aniquilado. Um ato de bravura, de autocomiseração, de acolhimento próprio a que se obrigou. Rompia laços de vida e se alistava às batalhas de construir novos. Uma escolha que pressupunha renúncias caras. Estava disposta a pagar o preço. A sorte estava lançada! *Alea jacta est!* Ninguém a demoveria dessa decisão. *¡Viva la Revolución!*[48]

A audácia de uma revolucionária, como Ercília, era a ousadia de alguém que muda o curso de sua própria história. Que se sujeita a tortuosidades de modo impenitente. Que transige a elas porque delas aprende. Que deixa generosos pedaços de si para trás e se regenera, abraçando o desconhecido como tábua de salvação. Que se desconstrói para se reerguer. Que contabiliza perdas, fantasia ganhos e sobrepuja força de vontade e esperança: o Rubicão estava cruzado em definitivo e seus inimigos e detratores devidamente mortos e enterrados.

---

48 Do espanhol: Viva a Revolução!

GREENWICH

Um ano depois daquele dia santo, da visita às sete igrejas com minha avó Ercília, sentado em uma das salas de aula do tradicional Colégio Salesiano Dom Bosco no centro da cidade, eu perguntava a Jandira, minha professora de Ciências:

— Como é possível traçar linhas por todo o globo? São quilômetros de cordas espalhadas, cruzando vertical e horizontalmente, campos, cidades, montanhas, rios e mares, enfim, tudo no mundo? Quem as colocou lá? Como as instalaram?

Olhava pela janela. Não as via e seguia perguntando:

— Estariam enterradas? Fora de nossa visão? Seriam fios de nylon muito finos, mas resistentes, imperceptíveis aos olhos? Ou seriam grossas cordas? Quando se rompem, quem as conserta? Quem as mantêm? Como passam pelos Andes, pelos Alpes e pelo Himalaia? E pelo alagadiço Pantanal aqui ao lado, como? Tantos fios e cordas assim não permitiriam a navegação pelos mares e oceanos dos grande navios, das chalanas e dos barcos nos corixos, córregos e rios — minhas perguntas não tinham fim.

A professora insistia em dizer que as linhas eram imaginárias. Repetia, incessantemente, que eu e meus colegas tínhamos que imaginar a existência delas. Não as veríamos. Nunca. De fato, não as víamos. A imaginação de toda criança é fértil, mas a minha se desligava automaticamente ali naquela aula de Ciências. Acho que quando pequeno minha visão era muito prática e nada imaginária. Tudo deveria terminar em um teorema com a abreviatura CQD ao final, "Como Queríamos Demonstrar". Essa citação de origem latina, QED (*Quod Erat Demonstrandum*), é uma liturgia própria dos matemáticos para arrematar e celebrar o êxito de suas teses. Eu a tomava como pedra basilar de meu entendimento.

— Imaginar! — ressoava a voz de Jandira naquela tarde, devolvendo-me aos passeios de charrete com minha avó. Os riscos do chão, por onde os cavalos campeiros Florêncio e Listrado nos levavam, marcavam minha mente, avivavam meu interesse, agora pelas linhas explicadas por minha professora: paralelos e meridianos. Deixava momentaneamente de lado meu perfil cartesiano para aceitar o convite à ficção, à fabulação.

Olhando detidamente para os alunos e observando suas reações, Jandira seguia em sua enfadonha homilia evangelizando a todos, aos atentos e aos nem tanto. Discursava em um tom de voz invariável, em um ritmo compassado e solene, completamente desprovida de qualquer habilidade de interpretação que avivasse o interesse da turma.

— Ninguém nunca os criou fisicamente nem mesmo os dispôs em lugar algum. Não existem! Na verdade, são fictícios! Paralelos e meridianos, ao se cruzarem, indicam em graus de uma circunferência a posição exata de qualquer ponto no globo. Alguns deles são vetores de referência como o meridiano de Greenwich, na Inglaterra; e em sua transversal, o paralelo do Equador. Dividem o mundo entre Leste e Oeste, Norte e Sul, respectivamente.

Sobre sua mesa havia um globo terrestre. Em uma das paredes, o Mapa-Múndi. Ambos sutilmente entrecortados pelas linhas que ela seguia explicando naquele dia.

— Os meridianos servem de referência para indicarem linhas de fusos horários. Uma hora representa 15° de rotação sobre o globo, sobre a esfera da Terra. É o resultado de 360° divididos pelas vinte e quatro horas de um dia.

Com os olhos postos sobre o Mapa-Múndi, eu achava ainda mais intrigante ver que, em alguns casos, as linhas verticais que marcavam os fusos horários não eram tão bem-dispostas como uma reta. Parecia ser que haviam puxado as suas cordas ou os seus fios de nylon, fazendo com que uma parte do globo tivesse uma hora diferente daquela que, de fato, lhe caberia.

Com o rosário nas mãos, a professora seguia desfiando contas, em uma pregação interminável, um monólogo.

— Na horizontal, algumas linhas ganham nomes das constelações astrológicas que, de suas posições, pode-se ver. São os Trópicos de Câncer, no Hemisfério Norte; e de Capricórnio, no Sul. Há ainda, os paralelos que circundam os polos da Terra. São chamados de Círculos Polares Ártico, ao Norte, e Antártico, ao Sul. Além da linha do dia, que vem a ser a linha espelho do meridiano de Greenwich, no lado oposto do globo, para assim completar a circunferência da Terra.

Ouvindo-a, minha imaginação me remetia a uma grande teia, daquelas ricamente armadas pelas aranhas. Eu estava capturado e envolvido por esse gigantesco *ñandutí*.[49] As contas do rosário de Jandira se seguiam e de longe me traziam de volta ao seu discurso: um elóquio, uma ladainha sem fim que me mantinha com os olhos estáticos em completo grau de absorção, abduzido.

---

49 Do guarani: refere-se a um artesanato típico do Paraguai, um bordado feito em círculos, como uma teia de aranha.

— Em alguns casos, as linhas que indicam fusos horários são deslocadas para atenderem interesses dos países quanto à definição da hora em seus territórios. É, portanto, uma questão de ordem política. Não devem ser confundidas com os verdadeiros meridianos. Esses são fielmente traçados e medidos em graus ao longo das trezentos e sessenta possibilidades de uma esfera completa como é a Terra.

— Ah! Aí está a explicação para aquelas linhas intrigantes, diferentes! — exclamei em voz baixa para não interromper a aula, muito menos chamar a atenção da fria e rigorosa professora Jandira.

Essas tantas linhas seguiam cativando-me. Mantinham-me preso, agarrado àquele *ñandutí* como qualquer desavisado inseto ao perder a vida quando se encontra pregado ao emaranhado de fios e sugado por uma aranha. A única e vital diferença estava no fato de que, amarrado a elas, eu ganhava vida. Tanto assim que, durante a feira anual de ciências de minha escola, em que os alunos eram convidados ao desenvolvimento de investigações e pesquisas sobre diversos assuntos, escolhi debruçar-me sobre todas essas linhas. Com uma grandiosa ajuda de meu pai, construímos um Mapa-Múndi de isopor com os principais paralelos e meridianos. Para mim, aquela obra era como um retábulo executado em talha de madeira, com bem-cortados continentes em um esmerado alto-relevo, pintados de diferentes cores e com fios de lã esticados vertical e horizontalmente sobre meu sacro altar, representando os paralelos e meridianos. Sobre a cidade de Londres, instalamos um circuito que, com pilhas, acendia uma pequena lâmpada vermelha para indicar Greenwich. Outras pequenas lâmpadas foram distribuídas pelas mais importantes cidades do mundo para mostrarem suas posições e os correspondentes horários que possuíam nas famosas indicações de GMT + a oriente ou GMT – a ocidente (GMT – *Greenwich Mean Time*). Acho que eu explicava meu retábulo com tanto empenho que se fez fila para visitá-lo. Pais e alunos acotovelavam-se no amplo corredor onde as várias peças preparadas pelos alunos haviam sido expostas. Eram experimentos com elementos químicos, espelhos, lentes, luzes, enfim, um rico manancial científico vinculado aos assuntos das aulas de Ciências. O espaço apequenou-se com o grande fluxo de pessoas. Um sucesso de público e renda, como dizem os cronistas esportivos. Ao final, amealhei uma medalha de honra ao mérito concedida por uma banca de jurados liderada pela temida e respeitada professora Jandira. Somente dois trabalhos receberam o prêmio, o meu e o de um amigo cuja obra reproduziu um vulcão em erupção com pura pólvora malcheirosa e papel celofane vermelho sobre algumas lâmpadas que, uma vez acesas, indicavam o caminho da lava derramada, desde a cratera até as suas faldas. Prêmios merecidos!

Recebi das mãos de Jandira minha dourada insígnia. Ela reluzia em meu peito, grande, largo, arfado e vaidoso. Era a primeira vez que uma medalha se assentava ali sem que viesse dos esportes. Também essa foi a única situação em que vi a irascível professora Jandira sorrir. Não sei se de alegria e de satisfação pela atenção de tantos às Ciências ou pela cena quase cômica de um aluno que, de tanto orgulho de sua conquista, ostentava seu prêmio de modo tão extravagante.

Embora tivesse pouco mais de um metro e meio, a mim e a meus colegas Jandira era a personificação de um duro e severo general de exército de alta patente. Estampava cinco estrelas em seu distintivo. Tinha o cenho constantemente carregado, franzido e arrugado. Mantinha todo o corpo contraído, em pleno compasso com a voz de notas secas e agravadas. Durante as aulas, não se sentava nunca. Apoiava-se, sempre, sobre uma das pernas, revezando-as à medida que cada uma delas se cansava. Permanecia atrás de sua mesa e de frente para os alunos em uma posição irremovível. Os braços acomodavam-se de modo cruzado sob os seios, em uma clara postura de poucos amigos. Era muito prática e desprovida de adereços. Tinha unicamente um velho e pequeno relógio preso ao seu pulso esquerdo. Usava os cabelos curtos *à la garçonne*,[50] cobertos por uma indisfarçável tintura acastanhada, que davam-lhe ainda mais sisudez, principalmente quando contrapostos às rugas de sua face.

---

50 Do francês: cabelos cortados como a um menino: curto, na altura das orelhas e batido na nuca, com franja reta e acima das sobrancelhas. Virou símbolo de praticidade e independência a partir da Segunda Guerra Mundial, quando mulheres ingressaram para trabalhar em fábricas na Europa, substituindo seus maridos que haviam sido recrutados aos campos de batalha.

Vestia uma só roupa: calça jeans escura e jalecos brancos de professora com mangas curtas ou longas, a depender do clima. Sapatos pretos baixos, lustrados e simples. Era lacônica em suas respostas e digressiva em suas preleções. Temida e regiamente respeitada!

Ao final da exposição, o fotógrafo oficial da escola registrou aquele momento. Perfilados em volta de meu retábulo estávamos meus pais, Jandira, eu e a medalha. Também estava Ercília, que chegara a tempo do Rio de Janeiro para participar do grande evento e de meu régio instante. Segundo minha mãe, viera com o propósito de fechar a compra de uma pequena propriedade entre Campo Grande e Ponta Porã, no município de Itaporã, relativamente perto dos caminhos que tanto percorrera em sua vida, sobre os saudosos trilhos da Noroeste do Brasil. Naturalmente, dei mais importância a sua presença na Feira de Ciências do que ao real motivo de sua viagem. Era mais uma testemunha daquele meu momento de ovação.

Alguns dias depois, recebi uma carta do diretor da escola cumprimentando-me pelo prêmio recebido e oferecendo-me a foto como uma lembrança. Depois de tantos anos, guardo-a com muito carinho em um porta-retrato sobre minha mesa de trabalho, como testemunha dos rumos que tomei e das histórias de vida que se conectaram para que eu pudesse ter avançado, para que tantas linhas e desalinhos contassem a minha própria história.

O propósito da viagem de Ercília a Campo Grande era inusitado. Jamais havia deixado qualquer pista sobre a possibilidade de aquisição de terras. Cañada Mi havia sido açodadamente vendida logo após o massacre. Todos supunham que essa era uma via que nunca mais Ercília tomaria. Pois agora estava realmente negociando a compra de uma propriedade rural com Kika, a filha de *Don* Gerardo e *Doña* Fermina. Kika era nascida em Cañada Mi e se tornara uma bela e vigorosa mulher. Aqueles grandes olhos matreiros e verdes com quem Ercília tanto brincara no passado, quando Kika ainda era pequenina, haviam se juntado a outro par de olhos azul-esverdeados que à minha avó parecia familiar. Remetia-lhe à memória dos bons anos de seu amor por Carlos, dos olhos secos e cativantes de um amor inicialmente abnegado e depois renegado pelo incorrigível caminho da traição. Eram os olhos de Stephan, marido de Kika. Sua história de vida, abandonando a difícil lida do pós-guerra na Europa, a fascinava. Eram muitas as semelhanças que Ercília via com a sua própria história: a inconformidade, o desterro, o desassossego e o reinício.

Kika e Stephan formavam um casal de agricultores com sinais evidentes do trabalho diário no campo: compleição esguia, de quem muito caminha, de quem muito trabalha; mãos calejadas combinando com rostos vincados, de quem denuncia sinais prematuros da idade, mais acelerados por uma exposição contínua ao sol do que pelos anos acumulados; sorrisos simples e autênticos, de bem-andança com a vida, de enlevo para a complexa felicidade da alma. Dedicavam-se ao cultivo e beneficiamento artesanal da mandioca e a uma incipiente criação de suínos, vendidos vivos. Seus produtos eram diferenciados. A mandioca possuía qualidade superior, cor fortemente amarelada e uma maciez sentida ao se dissolver na boca após o correto cozimento. Os animais eram viçosos, criados à moda caipira, no sistema extensivo, de criação livre. Não recebiam a aplicação de nenhum componente químico e alimentavam-se de uma rica pastagem que cobria a propriedade, da mandioca ali plantada e da cana-de-açúcar produzida em uma pequena parte da fazendinha, somente para atender aos porcos. Vendiam seus produtos em cidades próximas a Itaporã: Maracaju, Dourados, Ponta Porã e Rio Brilhante. Queriam chegar a mais e maiores mercados como Campo Grande, Presidente Prudente, no interior de São Paulo, e às cidades do interior do Paraná, como Londrina e Maringá. Também buscavam beneficiar os seus produtos, evitando vendê-los *in natura,* com baixo valor agregado, portanto. Eram apoiados pelos três filhos, todos homens: Karl, com dezesseis anos; além dos gêmeos Ludwig e Hans, com quatorze anos. Estudavam na escola municipal João Pedro Fernandes, em Maracaju, cidade mais próxima do sítio. Regressavam diariamente das salas de aula para ajudarem os pais nas atividades do dia a dia, no campo e na casa. Aos finais de semana, acompanhavam Stephan na distribuição dos produtos entre as cidades próximas em uma clara e judiciosa preparação para a sucessão familiar.

Ercília usaria grande parte de suas suadas economias acumuladas no Brasil e os derradeiros caraminguás[51] do que havia recebido do espólio de *Don* Desiderio e de *Doña* Sara para completar a aquisição. Juntamente com Carlos, haviam perdido uma boa parte do que ela recebera como herança de seus pais nos seus primeiros anos de Brasil. Uma grande porção do dinheiro usado na compra da propriedade de Kika e Stephan era mesmo fruto do que havia sido acumulado em voo solo, durante os muitos anos em que teve que buscar o sustento próprio e o de sua família por meio do fluxo de "importações" que mantinha com *Doña* Asunción e Dom Porfirio, sobre os trilhos da Noroeste do Brasil e dos rendimentos dos escaldantes ferros de passar da tinturaria.

Ercília sempre manteve um sentimento maternal pelo casal. Queria vê-los bem, ajudá-los para que prosperassem na vida e pudessem criar bem os três filhos que tiveram. Meus pais, sempre muito atentos e preocupados, conversavam sobre os movimentos dela.

— Para que Ercília quer esse sítio a essa altura de sua vida? — perguntava meu pai, intrigado.

— Estou certa de que é para ajudar Kika e Stephan. Kika é nascida em Cañada Mi, filha de *Don* Gerardo e de *Doña* Fermina. Gerardo era o condutor que morreu atacado na emboscada que também matou minha avó na entrada da fazenda. *Doña* Fermina era sua dama de companhia. Ajudava vovó em tudo com excelência, segundo minha mãe.

---

51 Do guarani: *karameguâ* é um baú onde se guardam reminiscências e que aqui é utilizado, em sentido figurado, como últimos centavos, aqueles que ficaram guardados ou esquecidos no baú.

— Sim, Luzia. Já conhecemos muito bem essa história. O tempo passa e sua mãe mantém vivo o passado dela. De fato, não se pode apagar o passado. Entendo *Doña* Ercília!

— E ainda tem Stephan! Um homem esforçado, trabalhador, cumpridor dos seus deveres e, acima de tudo, bem-humorado. Se você perceber, fisicamente, até que ele lembra meu pai quando era mais jovem. E veja que as semelhanças não são apenas físicas. Stephan cruzou fronteiras para chegar aonde chegou. Seu pai era alemão e sua mãe, holandesa. Moravam na fronteira da Alemanha com os Países Baixos. Deixou a Europa destroçada do período pós-guerra para remontar sua vida no Paraguai, no campo. Stephan empregou-se em fazendas nas imediações de Villarrica. Trabalhou muito, conheceu Kika e casou-se com ela, constituindo, assim, sua família e mais tarde seu negócio. É mais um que se deslocou no mundo para fugir das agruras e dos flagelos que não criou, mas que criaram para ele. Ele conta que sua cidade natal... Como era mesmo o nome da cidade?

— Enschede, Luzia.

— Sim, Enschede foi bombardeada na Segunda Guerra Mundial, matando os pais dele e arrasando tudo o que tinham. Antes do fim da guerra, decidiu rumar para cá, para as Américas. Não queria morrer sob os escombros dos bombardeios alemães, como seus pais. Escolheu a Argentina como destino e, como tantos outros, aportou em Buenos Aires a bordo de um navio mercante. Subiu o Rio de La Plata até chegar a Assunção, no Paraguai, para depois alcançar o Brasil pela fronteira aqui do sul do estado. Fez isso tudo com hombridade, com altivez, com a certeza de quem confia que pode escrever o seu destino. Acho que, para Ercília, talvez seja esse o ponto de conexão que mexe com ela. A semelhança física entre Stephan e meu pai faz dele o cavalheiro que ela sempre visionou: elevado, altivo, íntegro e batalhador. Exitoso, um vencedor. Stephan seria o Carlos que deu certo. Kika, a filha de *Don* Gerardo e de *Doña* Fermina, por quem minha mãe guarda, até hoje, um sentimento de responsabilidade. Como se ela ainda fosse uma criança órfã de Cañada Mi. Não é mais, mas assim ficou gravada na retina e no coração de Ercília.

— Pode ser, Luzia. Entretanto, acho que isso ainda vai sobrar nas nossas mãos. Não temos como nos dedicar a esse sítio com uma distância tão grande de Campo Grande. São quase duzentos quilômetros até lá. Sua mãe não tem idade para tocar esse projeto e nós não temos como abdicar de nossas vidas para administrar essa empreitada. Requer tempo e muita dedicação.

— Ela diz que está apenas comprando a propriedade. Diz que Kika e Stephan seguirão tocando o trabalho duro por lá. Que não deixarão o sítio. Querem apenas o dinheiro para investir no aumento da granja, no beneficiamento dos produtos e na criação de uma empresa para profissionalizarem a venda. Ela vai arrendar a propriedade para eles mesmos e viver dessa renda. Com a vida frugal que leva, acho que não terá problemas. Não me parece absurda a ideia. Pelo contrário, faz sentido. Vejo Ercília empolgada como há muito não a via. Não se cansa de falar sobre a sua pedra bonita. Acho que será esse o nome do sítio: Pedra Bonita!

— É a tradução de Itaporã do guarani ao português. Para mim, ela disse que será *Ñu Guassu*, que quer dizer Campo Grande. Quer homenagear a cidade que melhor a acolheu quando chegou do Paraguai. Assim me disse. Vejamos! Pedra Bonita ou *Ñu Guassu* são bonitos nomes. Espero que dê certo e que ela não tenha problemas com esse investimento.

— Eu também. Não vai ter, não! Kika e Stephan são responsáveis. Os meninos também. São todos muito bem-educados e absolutamente devotados ao trabalho e aos estudos. Não estou preocupada. Não deveríamos estar preocupados. Deixe o tempo correr e vamos ver no que isso vai dar. Na pior das hipóteses, ela vende o sítio e recompõe suas economias. Assim que assinar o contrato me disse que voltará para o Rio de Janeiro. Ah! Se pedir minha opinião, digo, sem titubear: *Ñu Guassu*. Prefiro *Ñu Guassu* a Pedra Bonita. E você?

— Qualquer um, tanto faz! — respondeu meu pai, laconicamente, encerrando a conversa.

O tempo comprovaria que o investimento feito por Ercília não seria em vão e muito menos equivocado. As recompensas que ela sapientemente pressagiava confirmar-se-iam todas.

A severa professora Jandira já havia nos ensinado que o meridiano que marca 0° sobre a circunferência da Terra, conhecido também como meridiano central ou primeiro meridiano, foi acirradamente disputado entre vários países europeus: Inglaterra, França, Holanda, Espanha e Portugal. Ao longo do tempo, esses países adotariam diferentes localidades para assentarem a linha central do mundo: Greenwich, Paris, Cádis, diversos pontos das Ilhas Canárias, Lisboa e Coimbra. Foi o poder da Coroa Britânica, sustentada pela icônica e longeva rainha Vitória, com sua forte influência sobre diversas nações, que fizeram de Greenwich a linha central escolhida. O acordo foi celebrado em 1884, em Washington, nos Estados Unidos. A conquista do meridiano zero indicou Londres e o Império Britânico como referência cartográfica, como o centro da Terra. O alcance e a amplitude do Império Britânico sob o cetro vitoriano eram tão grandes que seria esse, dentre todos os vastos impérios, a usar a expressão:

The Empire on which the sun never sets.

O Império em que o sol nunca se põe.

Estima-se que, entre os séculos XVIII e XX — período do auge do Império Britânico —, eles tenham ocupado cerca de um quarto das terras do planeta. O Observatório Real de Greenwich, mandado construir pelo rei Carlos II em 1675, de fronte para o Rio Tâmisa em Londres, tornou-se, portanto, marco do meridiano zero e ponto inicial da contagem do Tempo Universal Coordenado — UTC em inglês.

Também eu estabeleceria meu ponto central, anos mais tarde, em Greenwich para entender tantas linhas de divisão no mundo e para alavancar minha carreira profissional. Com o tempo passando, fui ao encontro delas. É verdade que a grande maioria mais perversas do que prometedoras. Fui conhecendo a história de paralelos e meridianos, de linhas especialmente riscadas para aquebrantarem a vida de tantos, para expulsarem as pessoas de seus núcleos, de suas casas, e transformá-las em refugiados.

Algumas dessas linhas também cruzaram a vida de Ercília. Sua história de superação criou oportunidades e caminhos para os seus descendentes. Considerou outras paragens, diferentes das suas originais. Sem reclamações, acumulando conhecimento e convertendo-o em sabedoria; construindo, de um iníquo refúgio, seu novo ninho. Há que se enfrentar a vida e os seus desdobramentos com coragem, com a audácia de Danton. Assim é a vida para quem quer tirar proveito dela!

LAS SIETE

~

Ercília deixou-nos em 1980. Quase dois anos e meio depois daquela Sexta-Feira Santa em Campo Grande. Pouco mais de um ano após aquela icônica foto tirada na Feira de Ciências do Colégio Dom Bosco. Partiu justamente na noite de 30 de agosto, o mês que mais a assombrava. Uma só noite de sono a separava de transpor aquele agourento mês, de superar os dias que menos apreciava, de ultrapassar o calendário que mais desprezava. Pois, dessa vez, não o venceu. Foi o coração quem lhe disse basta. Rendeu-se aos tantos solavancos e concussões que recebeu durante o período que incansavelmente pulsou. Se o redarguiu por algum sinal de frequência descompassada? A ninguém lhe pareceu. Nunca havia reclamado. Nenhum sinal de qualquer problema. Sobravam-lhe força e disposição. Ercília sucumbiu serenamente, sem traços de sofrimento nem de desagrado. Os sessenta e cinco anos de vida haviam sido suficientes para completar seu ciclo e sua missão. Seu amigo, Dom Porfirio, que lhe previra ainda muitos anos de vida enquanto conduzia sua charrete em direção às sete igrejas de Campo Grande, na inesquecível Sexta-Feira Santa de 1978, era, portanto, mais um desejoso do que um realista.

O tempo é infalível: marca-nos início, meio e fim. O de Ercília chegou *en la penúltima noche del mes en que hasta los perros se vuelven locos*.[52] Quando assumia seu lado místico e xamânico, dizia que agosto

---

52 Do espanhol: na última noite do mês em que até os cachorros se tornam loucos.

era o seu inferno astral, o mês anterior ao de seu aniversário. Por ele mantinha um rotundo desgosto, uma inegociável repulsa, desde os episódios da derrocada do presidente paraguaio Rafael Franco, da truculenta destruição de Cañada Mi e da hedionda morte de seus pais. Agosto seria ainda fatídico para o admirado presidente Getúlio Vargas e para uma coleção de reveses menores da vida que fazia questão de atribuir culpa exclusivamente ao infausto mês, ainda que em algumas situações não o merecesse. Distava tão somente vinte e um dias de mais um ano de vida, de mais um ano da histórica Batalha de Valmy, celebrados em 20 de setembro, em que Danton incitara a população francesa à audácia, interrompendo assim o avanço austro-prussiano sobre o país.

Recolhida para uma noite de sono, não se levantou mais. Foi *Doña* Ubalda, uma de *Las Ocho*, quem a encontrou no dia seguinte, estirada sobre a cama. Tinha um semblante de quem ainda dormia. O rosto circunspecto, em um evidente sinal de respeito a quem viera lhe colher a vida. Havia uma única cor que lhe fugia à sutil palidez que nos toma a pele como sinal de quem já não pulsa. Era o fiel *colorete* vermelho. Marcava-lhe os lábios já cerrados. Era um incontestável sinal de sua vaidade. Mantinha-o vivo e iluminado até mesmo quando se recolhia para dormir. Essa era, sem dúvida, mais uma de suas extravagâncias. Se alguém a interpelasse, querendo explicações, dizia:

| *— Si vienen por mí en la noche, no tengo que preocuparme con la apariencia. No me quito la elegancia y tampoco el estilo. Me los llevo puestos siempre.* | — Se alguém vier me procurar à noite, não tenho que me preocupar com a aparência. Não renuncio a minha elegância nem ao meu estilo. Estão sempre comigo. |

Pois, naquela madrugada de agosto de 1980, vieram por Ercília. Não a encontraram desprevenida, nem mesmo a incontendível morte. Beijou-a e tomou-a justamente por sobre o seu ineludível *colorete*.

Doña Ubalda e Ercília haviam jantado no apartamento do Catete, no Rio de Janeiro, na noite anterior. No cardápio, uma leve sopa de legumes preparada por Ubalda seguida de um chá de camomila, ideal para acalmar os ânimos e ajudar no sono. Ubalda era a mais velha dentre as amigas e já lhe custava muito fazer grandes deslocamentos. A idade avançada lhe trazia desafios importantes de mobilidade. O culpado? Um diagnóstico de artrite reumatoide em várias articulações que, com o passar dos anos, só fazia piorar. Ela julgava serem os reflexos do árduo trabalho sobre as moendas, triturando tubérculos e produzindo farinha nas imediações de Paraguari, cidade localizada entre a capital Assunção e a Villarrica de Ercília. Ubalda era uma simples trabalhadora, sem posses. Tinha uma limitada visão política e vivia sob a influência do Partido Comunista Paraguaio. Como resultado da Revolução dos Pynandí (Revolução dos Pés Descalços), foi perseguida pelo grupo paramilitar *Guión Rojo*, vinculado ao Partido Colorado e apoiador do regime do presidente Higínio Morínigo. Resolveu salvar sua vida, refugiando-se no Brasil, pela mesma fronteira de Ercília. Nunca se casou. Tampouco teve filhos. Morava sozinha em Bonsucesso, nos subúrbios do Rio de Janeiro. Combinou com Ercília que dormiria em sua casa para juntas encontrarem as outras amigas no dia seguinte e aproveitarem a programação que prepararam.

Em 1942, o líder do Partido Colorado, Juan Natalício González Paredes, decide criar uma milícia chamada *Guión Rojo*. Para isso, juntou os grupos rurais de *Pynandí* com os grupos urbanos conhecidos por GACs — *Grupos de Acción Colorada* — ou Grupos de Ação Colorada, uma clara designação ao partido. A nova milícia nasce com uma ideologia ultranacionalista, anticomunista e fascista. Contou com o reforço de milicianos de mesma esfera ideológica que participaram da Guerra Civil Espanhola para impulsionarem sua organização e apurarem os métodos de atuação. O *Guión Rojo* era formado por um quadro eclético de participantes, desde os pés descalços da zona rural paraguaia até membros da classe média e intelectuais das grandes cidades. Durante seu governo, o presidente Higínio Morínigo contou com o apoio não só do Partido Colorado, como também do *Guión Rojo*. Esse apoio se estendeu ao longo da Guerra Civil

Paraguaia ou Revolução Pynandí, entre março e agosto de 1947. Após esse período, o grupo miliciano converteu-se em um sanguinolento e implacável perseguidor de militantes comunistas, fazendo com que muitos paraguaios se refugiassem em outros países para assim salvarem as suas vidas. Ubalda foi mais uma dentre tantos refugiados. Entre 1948 e 1949, o *Guión Rojo* participou de todas as tentativas de golpe de estado que garantissem a ascensão e permanência de seu líder, Juan Natalício González Paredes, no poder presidencial.

Paredes era um intelectual nascido na mesma cidade natal de Ercília, Villarrica. No início de sua carreira pública, tinha grandes semelhanças com o pensamento e a formação de *Don* Desiderio; mas, com o tempo, essas parecenças tornaram-se diferenças. Apesar de condenar a organização e os métodos do *Guión Rojo*, Ercília celebrou a ascensão daquele que frequentou os salões e principalmente a biblioteca de sua casa em Cañada Mi com a mesma predileção que seu pai tinha pelos clássicos franceses. Torcia para que, uma vez no poder, Juan Natalício olhasse para os paraguaios com os olhos de um humanista, abraçando sua realidade e envolvendo-se com as suas prioridades.

Juan Natalício subiu à presidência paraguaia em 16 de agosto de 1948 e governou até 30 de janeiro de 1949. Sofreu dois golpes de estado: o primeiro em outubro, defensável; e o derradeiro em janeiro, dessa vez com tal força que nem mesmo o *Guión Rojo* o preservaria. Teve pouco mais de cinco meses para deixar algum legado. Após a queda, foi exilado primeiramente na Argentina e depois no México. Faleceu em 1966 e com ele sua esposa que, ao vê-lo morto, se suicidou, ingerindo quantidades exageradas de analgésicos e cortando os próprios pulsos. A morte de Juan Natalício provocou o declínio do *Guión Rojo*.

Las Ocho reuniam-se regularmente no Rio de Janeiro. Pelo menos uma vez ao ano. Em geral, tomavam uma semana para aproveitarem a cidade, seus cafés, restaurantes e atrações. Ao final do recesso, retornavam às suas responsabilidades cotidianas. À exceção de Ercília e Ubalda, que haviam se radicado na cidade, as demais hospedavam-se no tradicional Hotel Regina, na rua Ferreira Viana, a pouco mais de duas quadras do apartamento de Ercília, situado na rua Andrade Pertence. Para Ubalda, o pouso na casa da amiga lhe facilitaria tomar parte daquele encontro, que julgava ser o seu último. Estava segura de que *Las Ocho* logo se converteriam em *Las Siete* e que seria dela o voo inaugural de despedida. À medida que envelhecia, tornava-se mais melancólica, soturna e alquebrada. Seu corpo dava claros sinais de um enfraquecimento natural, de um desgaste esperado. Abatida, Ubalda começava a convencer-se de que setenta anos de vida já lhe haviam sido suficientes. Pois já haviam passado dois anos da data que definira como limite. Setenta e dois anos já lhe bastavam.

Quis o destino que o roteiro não fosse o mesmo que ela premeditara. Surpreendentemente, o primeiro adeus entre as amigas seria o da vigorosa e querida Ercília. Ubalda ainda levaria um par de sofridos anos mais para descansar suas doloridas articulações e despedir-se da vida. Como diz o sábio ditado: "O homem planeja, e Deus ri."

Às sete da manhã em ponto, o despertador de pequenas campanas martelou-as estridentemente para despertar Ubalda. Havia trazido de casa para acordar a tempo de tomar seus remédios contra a artrite e a hipertensão. Não confiava em outros despertadores, apenas naquela geringonça velha, ultrapassada e feia, mas um assíduo cumpridor de seus deveres, desde que suas cordas fossem mantidas esticadas. Ainda sonolenta, levantou-se mirando sua inseparável engenhoca e desligou-a. Como de praxe, retesou suas cordas por meio das orelhudas borboletas traseiras e exclamou em um bocejo conciso e quase ininteligível:

— ¡Las siete![53]

Ubalda não tinha ideia de que sua exclamação no início daquele dia seria um testamento imposto a ela e às amigas pelo exício de

---

[53] Do espanhol: Sete! (em alusão às horas).

Ercília, pelo fim que, um dia, todos encontramos. A partir de agora, seriam *Las Siete*, uma irmandade descomposta.

    Levantou-se e, em seu caminho ao banheiro, estranhou o fato de Ercília ainda não ter se levantado. Depois de completados os trabalhos no toucador, tomou seus remédios e dirigiu-se ao quarto da amiga. Tinha se comprometido a acordá-la, caso ainda não estivesse desperta. Precisavam de tempo para tomarem o café da manhã com calma. Em geral, um bom chá de hibisco para ajudar no combate à hipertensão, acompanhado de *galletitas con mantequilla*.[54] Arrumar-se-iam com a costumeira elegância, ricamente adornadas com seus badulaques, suas pinturas vivas, suas essências e cremes aromáticos trazidos da Argentina ou da França, via Paraguai; para só então encontrarem-se com as demais amigas e cumprirem a agenda combinada: um passeio pela Biblioteca Nacional e pelo Museu Nacional de Belas Artes, situados na Cinelândia. Em seguida, um almoço no restaurante do último andar do Clube Naval, na esquina das Avenidas Rio Branco com Almirante Barroso. Seria uma visita ao charmoso centro do Rio de Janeiro. Sentia-se revigorada após uma bela noite de sono e alimentada pela expectativa de um dia com uma programação intensa. O programa com as amigas a fazia se esquecer dos pensamentos taciturnos, da tristeza e do tédio. A vida, no entanto, nos prega peças. A perspectiva de toda essa excitação teria desenlaces completamente diferentes daqueles que Ubalda e as amigas ambicionavam. Abriu a porta do quarto da amiga e novamente exclamou:

— ¡*Ercilia, son las siete!... ¡Las siete!...* — mal terminara de falar e pressentiu algo incomum. Estava com a mão sobre a maçaneta parada sob o batente da porta. Voltou a exclamar, dessa vez com mais compasso e esmaecimento, enquanto aproximava-se muito devagar da amiga, inerte em sua cama.

— ¡*Las... siete!...*

---

54 Do espanhol: biscoitinhos com manteiga.

A cada passo, sua intuição soprava-lhe ao coração um sentimento de angústia. Os batimentos se aceleraram. Levou as mãos ao peito, por sobre a camisola, em uma tentativa inconsciente de segurá-lo, de acalmá-lo. Seus olhos se saltaram, a fronte crispou, e a feição se preocupou. A pressão sanguínea ia escalando seu corpo, deixando-a em um estado de tensão, de alerta, de quem precisa preparar-se para algo que não espera.

— *¿Pero, que sucede aquí, Dios mío? ¿Dios mío, que le sucedió a Ercilia?*	— Mas o que está acontecendo aqui, meu Deus? Meu Deus, o que aconteceu com a Ercília?

Ubalda tocou o braço da amiga com suavidade, avançando seus movimentos para constatar a languidez de Ercília, sua imobilidade, sua insensibilidade geral, nenhum sinal de respiração ou de pulso. Debruçou-se assustada sobre o corpo inanimado da amiga, com todas as dificuldades naturais de sua condição, e a chamava interruptamente. Em vão. Os olhos marejavam, dificultando a visão. Já se dera conta do que havia sucedido, mas seguia suplicando:

— *¡Ercilia, mi amiga, despiértate! ¡Despiértate, cariño! ¿Ercília, qué le pasó? ¡Hablad conmigo, soy Ubalda, tú amiga! ¡Por favor!*	— Ercília, minha amiga, acorde! Acorde, minha querida! Ercília, o que aconteceu contigo? Fale comigo, sou Ubalda, tua amiga. Por favor!

Ubalda ficou por um bom tempo gemendo, ganindo pedidos de ressureição. Uma cantilena invocada a Deus e a todos os santos para que aquele pesadelo se esvaísse, para que Ercília acordasse e ela lhe passasse um pito pela brincadeira de muito mal gosto. Fingir-se de morta, especialmente com ela, a decana que já não tinha recursos que usar em situações de grande estresse, que sofria com todos os males decorrentes da idade aumentada e que tinha um medo crescente da morte, pois acreditava ser a primeira das amigas a partir dessa para melhor.

Quando se convenceu do irrevogável, arrastou-se até o telefone com todas as forças que ainda conseguia reunir. Queria avisar as amigas do que havia acontecido. Pedir ajuda. Não conseguiria dar a notícia aos filhos de Ercília. Seguia muito assustada e não lhe ocorreu ninguém mais do que as amigas. Por sorte, ela e Ercília haviam deixado anotado o telefone do hotel e os números dos quartos que as amigas ocupavam sobre a mesa de descanso do próprio aparelho telefônico, outra das antigas geringonças que usávamos naquela época. Teve que repetir a operação várias vezes, pois suas mãos trêmulas tiveram muita dificuldade em acertar os números no disco do telefone. Enfim, conseguiu. Ao ouvir a voz da telefonista do hotel, pediu-lhe com urgência pelo quarto de *Doña* Esther, a segunda mais velha da turma. A telefonista a conectou imediatamente. Aos prantos e com a voz tiritante e entrecortada, dizia:

— *¡Esther, mi amiga! La muerte vino a buscarme. ¡A mí, a mí, solo a mí! Seguramente se equivocó. ¡Ayúdenme! Yo me acosté ayer por la noche y ella se veía bien. Nos reímos de la vida, pero se fue. Se fue de nosotras. ¡Se fue, se fue, se fue! ¿Que más te puedo decir, Esther? ¿Por qué, en cambio, no me llevó a mí? ¡Ayúdenme, vénganse, por favor! ¡Apresúrense! No puedo quedarme aquí sola con ella. ¡Nuestra querida Ercília falleció!*

— Esther, minha amiga! A morte veio me buscar. A mim, a mim, somente a mim! Certamente se equivocou. Ajudem-me! Eu fui dormir ontem à noite, e ela estava bem. Rimos da vida, mas ela se foi. Deixou-nos! Ela se foi, se foi, se foi! O que mais posso te dizer, Esther? Por que não me levou, em vez dela? Ajudem-me, venham, por favor! Apressem-se! Não posso ficar aqui sozinha com ela. A nossa querida Ercília faleceu!

Enquanto esperava, Ubalda não detinha a profusão de nós que lhe apertavam a garganta. Soluçava incessantemente, apertando com as mãos o desgastado terço que levava sempre em sua bolsa para acompanhar as novenas e as trezenas que aprendeu já no Rio de Janeiro, como resultado da forte influência da cultura portuguesa em adoração especialmente a Santo Antônio de Lisboa. Vestia uma camisola em completo desalinho pelos fracassados esforços que fez para despertar Ercília. Tinha o silêncio como sua única companhia. O tempo transcorrido até que as amigas chegassem parecia-lhe interminável. Tomou sua bengala para ajudar-lhe com o peso do próprio corpo nas caminhadas aflitas e incessantes que fazia pelo corredor que ligava os dois quartos do apartamento. Tinha uma ânsia incontrolável por acelerar o tempo. Não queria seguir como única companhia para a amiga naquele momento tão vazio, tão inane, mudo, cheio de vácuo. A cada passo dado, apertava com tanta força o castão, que não sentiu a palma da mão direita ferir-se. Havia envelhecido um século na última hora. Ubalda somente desanuviou-se quando todas chegaram ao pequeno apartamento. O silêncio se despediu e o drama assumiu contornos de tragédia. O riso e a graça que as acompanhavam sempre deram lugar ao lamento, à lamúria, à choradeira. Eram genuínas carpideiras, com a diferença de que a dor verdadeiramente lhes pungia a alma, lhes sequestrava o chão, lhes sangrava o coração. Carpia-se o infortúnio. Perguntavam-se o que havia acontecido e Ubalda, em uma confusão mental de dar pena, não conseguia abrir a boca. Não explicava nada, apenas chorava. Tinha os olhos inchados e uma ansiedade que se via pelas tantas vezes que levava suas desfiguradas e castigadas mãos à cabeça, tentando tremulamente assentar os ralos fios de cabelo branco de que ainda dispunha.

— ¡La carioquita se fue![55] — repetiam entre si.

O choque tinha a clara visão do destino único que a vida nos assegura: o fim! A todos. A todas elas: a *Las Siete*. A rica cultura latina estava aflorada nos sentimentos ali derramados por todas aquelas

---

55 Do espanhol: A carioquinha se foi!

genuínas paraguaias. O dramatismo da catástrofe e da tragédia era comovente, até mesmo exacerbado.

Demoraram a recobrar a razão para juntas organizarem os próximos passos. *Doña* Tomasia, sempre muito cuidadosa e detentora de um alto nível de credibilidade, encarregou-se de comunicar a desdita a Ramón por telefone, o único dos filhos que também morava no Rio de Janeiro. Coube a ele a tarefa de fazer o mesmo com suas irmãs em Campo Grande, Maria e Luzia. *Doña* Pochola — fazedora, despachada e resolutiva — incumbiu-se de chamar o zelador para ajudar com os primeiros trâmites, pelo menos até que Ramón chegasse ao apartamento e assumisse as responsabilidades. Seria preciso informar o médico da família, com o fim de providenciar o atestado de óbito; chamar a polícia, situação exigida para casos em que a morte se dá em casa; e, por último, contactar o cemitério para a organização do velório e sepultamento. À exceção de *Doña* Ubalda, visivelmente aterrada e destruída, todas acompanharam Ramón em seus passos, desde o momento em que ele chegou ao apartamento, em companhia da esposa. O maior apoio foi certamente moral, especialmente durante o difícil momento em que a realidade se desnuda diante do filho. Ramón chorava como uma criança diante do corpo inanimado da mãe, ainda deitada sobre a cama.

Em minha casa, a manhã daquele dia seria um aranzel. Primeiro a incredulidade, logo, o peso da perda. As informações ainda eram desconexas. Não davam conta de explicar uma morte que não era esperada, que não dera sinais para que pudéssemos nos preparar. Atordoados, meus pais embarcaram, às pressas, em um voo para o velório e enterro, no Cemitério São João Batista, em Botafogo, no Rio de Janeiro. Eu permaneci em Campo Grande, e durante os dias em que meus pais ficaram por lá, descobri novas lições de vida. Na verdade, uma trilogia: o fim, abrupto; a saudade, eterna; e as memórias, estímulos de reconexão, de respeito, de presença e de ressureição. Era a minha primeira experiência em lidar com a morte.

Acusei o fim de alguém que, mesmo de forma caricata — visão que minha infância desenhou de minha avó — deixou-me sabor às ideias, lembranças de bem-querença, de aventuras, de humor, de graça e de amor. Deixou-me marcas que fui descobrindo à medida que me tornava homem. Fronteiras a serem suadas, vencidas e conquistadas. Horizontes que, além das linhas, nos oferecem oportunidades. Caminhos que, mesmo sinuosos, harmonizam-se no final. Trilhas que, abertas, contam histórias e produzem outras novas. Forças que, reunidas, estabelecem propósitos. Amplitude e disposição na alma para desenhar rumos com novos aprumos, sempre que necessário.

Em poucos dias, as lágrimas do menino recompuseram-se. A ausência repentina e a saudade lancinante deram lugar às lembranças. Ao longo do tempo, descobri os quinhões que Ercília havia me deixado, herdades que ainda hoje não acabei de contar. Que se somam às que recebi de meus pais. Não dessas que se medem por teodolitos, em acres, hectares ou alqueires; mas que lhe determinam propósito, razão, retidão e vontade. Essas heranças que promovem os meninos imberbes a homens de caráter. Hoje, quando penso em como viver, tenho uma visão de que minhas forças, física e mental, servem a planos e a projetos com objetivos que eu mesmo estabeleci. Planos e projetos que me nutrem, que me fazem querer, que me estabelecem alvos, que me aguçam a ânsia, o desejo, o ímpeto e a gana. A inspiração da história de Ercília me deu régua, que assentada sobre a vida, marcou-me início, meio e visão de fim. Deu-me ritmo para que em nenhum momento me esqueça do principal: de que estou vivo e que devo viver, aproveitar a vida com seus altos e baixos, assim como ela é.

Tenho certeza de que Ercília foi em paz. Essa segurança vem de uma das mais significativas passagens de sua vida que somente vim a compreender, em toda a sua magnitude, quando a maturidade me concedeu a correta dose de consciência de vida. Assim como Júlio César, o general romano que cruzara o Rio Rubicão para desafiar o curso da história, Ercília mimetizou o ato com um desfecho semelhante àquele que Júlio César obteve contra o Reino do Ponto, um estado helenístico na atual região turca da Anatólia que sucumbiu à República Romana nas mãos do general. Após a vitória, em mensagem dirigida ao Senado Romano, Júlio César cunha a citação em latim, assim traduzida ao português. Certamente, esse seria o epitáfio que melhor caberia à Ercília:

Veni, vidi, vici

Vim, vi, venci

No início do ano de 1980, ano de sua morte, Ercília recebeu uma correspondência com o selo oficial do governo paraguaio. Vinha de Asunción. Hesitou por instantes antes de abrir a missiva. Não era mulher de temores, de dúvidas. Pelo contrário, era uma mulher forte. Tinha plena consciência de si. Sentou-se em uma confortável poltrona de sua casa, com a dificuldade que sua perna lhe impunha. Estava tomada por um sentimento de ansiedade. Seus batimentos ensaiaram aceleração, os poros do buço entreabriram-se umedecidos por um suor afligido e as mãos tremularam. A pausa, com a carta ainda fechada em suas mãos, tinha a ver com as muitas memórias que aquele momento lhe trazia. Levantou-se para apanhar a antiga faca de abrir cartas com cabo de madrepérola, que pertenceu a seu pai, *Don* Desiderio. Havia resgatado a peça dos escombros de Kurepí, a lauta biblioteca desafortunadamente destruída em Cañada Mi. Seria, pois, com um objeto vestígio daquela sórdida atrocidade que ela abriria o envelope timbrado. Sentou-se novamente e, com cuidado, rasgou o envelope, rompendo-lhe o abundante lacre de cera carmesim com a estampa da insígnia paraguaia.

Era um convite oficial *del gobierno de la República del Paraguay*.[56] O presidente Alfredo Stroessner a chamava para uma visita ao *Palacio de los López*, sede do governo em Asunción. O conteúdo da carta acusava a importância de seus esforços e da história de sua família na formação do estado paraguaio. Era breve, mas entregava com exatidão e no devido tom diplomático a mensagem de reconciliação. Releu cada parágrafo por várias vezes para se certificar de que não havia se equivocado no entendimento do conteúdo e do contexto.

Surpreendeu-se. Emocionou-se. Chorou muito, longa e demoradamente. Sozinha. Custou-lhe algum tempo até recuperar a calma. As imagens lhe sucediam à cabeça como um extenso longa-metragem, com idas e vindas, desde a Guerra do Chaco, os subsequentes anos de muitas dificuldades, a Revolução Febrerista de 1936, o contragolpe dos Liberais contra o presidente Rafael Franco em 1937, a Revolução dos Pynandí de Higínio Morínigo ou Guerra Civil Paraguaia de 1947, o *Guión Rojo del amigo*[57] Juan Natalício González Paredes e os sucessivos anos de ditadura do Partido Colorado até o presidente Alfredo Stroessner. Ercília não perdeu um único momento da história de seu país. Estava tomada por um sentimento de dever cumprido. O minucioso autoexame de seus atos tinha lhe proporcionado uma vida com a consciência de que nunca havia se servido de um caminho errado. Ercília entendia que a carta lhe concedia anistia, uma remissão pelos atos de enfrentamento, iniciados em 1936 como uma autêntica franquista, defensora da liberdade, em uma eterna busca por um Paraguai mais justo e digno. Tinha em suas mãos um manifesto reconhecimento oficial e tardio da incansável dedicação dela e de sua família ao seu país. Acompanhou, durante todo o seu exílio no Brasil, os presidentes paraguaios, um a um, até o fatídico general Alfredo Stroessner. Analisou seus movimentos e suas manobras, mesmo distante. Quando jovem, chegou a desfilar pela Avenida Mariscal López, na data comemorativa da fundação de Asunción, dia 15 de agosto. Queria uma nova independência.

---

56 Do espanhol: do governo da República do Paraguai.
57 Do espanhol: *Guión Rojo* do amigo.

Que o país vivesse em plena liberdade, em plena democracia. Nutria um amor imperturbável pelo Paraguai, ainda que tivesse cruzado as linhas que cruzou.

Nessa solitária reflexão, sentada à poltrona de seu apartamento no Catete, imaginava-se entrando pela porta da frente do *Palacio de Los López*. Estaria acompanhada de pessoas importantes de sua história: seus pais — *Don* Desiderio e *Doña* Sara —, o tenente-coronel Camilo Recalde, seus filhos — Maria, Luzia e Ramón —, seus genros e nora, os netos, companheiros de luta política mortos ou desterrados — como *Doña* Asunción e *Doña* Ubalda —, o gentil cavalheiro Dom Porfirio, *Don* Gerardo e *Doña* Fermina, a menina Kika com o esposo Stephan e os filhos — Karl, Ludwig e Hans —, com todos os amigos e amigas que a apoiaram nos momentos mais acidentados de sua vida. Mesmo Carlos, seu grande amor e esposo durante muitos anos, haveria de estar com ela, celebrando esse momento. Ercília acumulou inúmeras críticas que desaprovavam o comportamento errático do ex-marido; afinal, Carlos perdera-se em seus propósitos. Reconhecia, no entanto, que vivera momentos de intenso gozo, prazer e alegria com ele. Foram os anos de seu mais vigoroso momento político em Asunción, anos que antecederam à chacina de Cañada Mi. Teria o largo e úmido Rio Paraguai além da bela Baía de Assunção, *en la costanera del Palacio*,[58] por testemunhas perenes e silenciosas desse seu momento de exaltação.

Cinco anos antes de que Ercília recebesse essa importante carta em seu apartamento no Rio de Janeiro, o presidente Alfredo Stroessner já havia dado clara demonstração de uma reaproximação. Foi quando Ercília integrou uma reservada lista de convidados para um jantar de gala em homenagem ao mandatário paraguaio, na casa de um proeminente empresário do ramo agropecuário, por ocasião da visita oficial que fez a Campo Grande, em março de 1975. Eram anos de intensa colaboração entre o Brasil e o Paraguai. Stroessner e o presidente brasileiro general Emilio Garrastazu Médici tinham assinado

---

58 Do espanhol: às margens (ou costa) do palácio. Nesse caso, com o Rio Paraguai que banha Assunção.

em 1973 o acordo para a construção da então maior usina hidrelétrica no mundo, a binacional Itaipu. Seria um investimento integralmente feito com capital brasileiro, com um financiamento de longuíssimo prazo para a parte paraguaia, a ser pago por meio da venda exclusiva e subsidiada do excesso de produção que lhes cabia ao Brasil.

Durante o jantar, Ercília teve a chance de trocar algumas marcantes observações com o ditador e de dar-lhe a prerrogativa da reflexão sobre a história do estado paraguaio e a importância de uma série de eventos após a Guerra do Chaco. Articulou perguntas unicamente, cujas respostas exigiam consideração. Novamente, *Don* Desiderio a inspirou. Era dele a estratégia que tomou emprestada para a conversa com o dirigente paraguaio. O pai era um admirador e advogado do pensamento iluminista de Voltaire. Dentre as várias expressões cunhadas pelo filósofo, Ercília investiu-se daquela que *Don* Desiderio mais usava. Ouvia de seu inconsciente a frase evolada em meio às fartas baforadas do cachimbo do velho.

Devemos julgar os homens por suas perguntas,
do que por suas respostas.

O julgamento de seus argumentos naquela noite se daria por inteligentes e cruciantes questões que dirigiria ao excelentíssimo presidente Alfredo Stroessner. Ercília tinha tino e tato para fazer isso com requinte, sem tocar a fronteira da descortesia, da aspereza ou da agressão, mas suficientemente pungente para provocar-lhe a devida reflexão. Uma bem-articulada lista de perguntas que conduziu o presidente por um intrincado labirinto, não lhe deixando saída a muitas das situações da história paraguaia e das posições das diferentes frentes políticas do país.

— *¡Como suele ser!*[59] — balbuciou, sentada naquela confortável poltrona de sua casa. Ainda tinha os vestígios vermelhos do lacre

---
59 Do espanhol: Como deve ser!

oficial paraguaio rompido nas mãos, enquanto mantinha os olhos fixos no horizonte longínquo, aliviada pelo choro e reconfortada pela sua própria história.

Depositou cuidadosamente a faca com o cabo de madrepérolas sobre a mesa de centro a sua frente. Ali mesmo remontou conexões para dar sentido ao que acabara de ler na carta. O presidente Alfredo Stroessner reconheceu a presença estratégica de Voltaire na conversa que manteve com Ercília, em Campo Grande. Tanto assim que o convidou para avultar seu sublime ato de contrição em nome do governo paraguaio. Ercília e Stroessner acusavam seus bem-desferidos golpes de afago controverso, um ao outro: uma arguta confrontação de espinhosas e provocativas cortesias. No rodapé da carta, lia-se outra célebre frase do iluminista francês.

Les hommes se trompent,
les grands hommes avouent qu'il se sont trompés.

Os homens erram, os grandes homens confessam que erraram.

Passaram-se alguns dias sem que o assunto desse trégua à convulsionada cabeça de Ercília. Debateu-se, roeu-se e remoeu-se sem dividir aquele momento com absolutamente ninguém. Não queria opiniões. Nem profundas, nem rasas. Dispensava os vieses, as paixões. A decisão deveria emergir unicamente dela, dos sentimentos que tudo aquilo lhe provocava. Consultou apenas os seus botões. Reuniu-se somente com *Don* Desiderio e *Doña* Sara. Por fim, completamente ensimesmada, tomou sua decisão.

O cruzamento do Rio Rubicão havia sido tão emblemático para Ercília, um movimento tão forte em toda a sua vida que recusou cordialmente o convite recebido. Estava em paz. O Paraguai seguia vivo dentro dela. Pulsante! Pleno de vigor em todas as suas dimensões. A história de Cañada Mi, em Villarrica, já não lhe trazia a necessidade de vingança. O tempo já havia demonstrado a ela o caminho do perdão, de uma remissão que a fazia ler naquela carta uma autêntica compunção do estado paraguaio. Era a tão sonhada redenção. Um espantoso acordo de paz com seu passado e com os de seus antepassados. O sanguinolento espólio de seus pais há muito se havia resolvido. Estava segura de que a sabedoria de *Don* Desiderio e de *Doña* Sara a acolheriam, ratificando-lhe o desejo de olhar para frente, de ver que suas gerações futuras, seus descendentes, transitariam sem querelas e sem rancor pela Fronteira Seca e pela linha de Tordesilhas. Que quando fossem compelidos a um Rubicão, que não o temessem. Era uma de suas profecias: saberiam tirar o melhor proveito desse livre trânsito, de suas liberdades.

Em sua resposta direcionada protocolarmente ao presidente Alfredo Stroessner, agradeceu a atenção e a deferência, não sem lançar mão novamente de Voltaire em uma oportuna frase que convidava outra vez o ditador à reflexão. Ercília prenunciava o fim da ditadura, a liberdade de decidir os caminhos de construção de uma sociedade, de um país.

Plus les hommes seront éclairés, et plus ils seront libres.

Quanto mais esclarecidos forem os homens, mais livres eles serão.

A frase de Voltaire foi escolhida pelo consulado paraguaio na cidade do Rio de Janeiro para acompanhar a coroa de flores oferecida a Ercília no Cemitério São João Batista no dia de seu sepultamento, em 31 de agosto de 1980. Também integrou a carta oficial de condolências, com o selo da República Paraguaia, destinada à família e entregue no endereço do Catete, poucas semanas após sua morte.

O presidente Stroessner sofreria um duro golpe de estado pelas mãos de seu genro — Andrés Rodriguez Pedotti —, pondo fim a um dilacerante governo ditatorial de trinta e cinco anos, de 15 de agosto de 1954 a 3 de fevereiro de 1989, quase nove anos após a morte de

Ercília. Stroessner exilou-se em Brasília até seu falecimento, em 16 de agosto de 2006. Agosto... sempre agosto... de sua ascensão ao poder ao ponto final de vida!

O Paraguai seria conduzido à plena democracia, interrompendo sucessivos golpes de estado, por uma nova Constituição, promulgada em 1992 em substituição à Constituição de 1967, pelo presidente Andrés Rodriguez Pedotti. Sua sucessão daria ao Paraguai, novamente, um presidente civil. Juan Carlos Wasmosy Monti seria o primeiro presidente eleito democraticamente desde 1811, ano da independência do país da Coroa Espanhola.

Analisando a história com os detalhes desvendados após a queda da ditadura no Paraguai, temo que a carta enviada a Ercília fosse apenas uma arapuca, uma isca para que ela regressasse ao seu país e recebesse, na verdade, a vilania de um assassinato, orquestrado e premeditado por *El Stronato*, como era conhecido o longo período de governo do presidente Alfredo Stroessner. O ato covarde seria, certamente, travestido de um fortuito acidente, sem nenhuma associação com o governo. Ao longo de seu mandato, ele também daria indicações de alguma tolerância com partidos de oposição em uma clara manobra em resposta às ondas de redemocratização que varriam as ditaduras sul-americanas nos anos oitenta. Jamais saberemos a real intenção daquela carta. Serviu, de fato, como um epílogo. O turbulento e magnânimo coração de Ercília daria o ponto final a essa saga em 30 de agosto de 1980. Incrustada em sua lápide, a consagrada e oportuna frase do romano Júlio César.

Veni, vidi, vici.

Vim, vi, venci.

Ercília via-se régia e gloriosamente revestida de Vitória no limite final de sua jornada! Sobre sua cabeça uma pequena coroa, semelhante à da rainha britânica, sobreposta a sua inseparável *mantilla de encaje de seda negra*, sempre usada em ocasiões solenes. Também se via com generosas asas, como a deusa Nice, com ramos de louro volteados à coroa.

O desfecho da vida requer protocolo, cerimônia. É litúrgico, é hierático. Assim se foi, cerimonialmente triunfante. Uma soberana na exímia e régia arte de planejar e executar. De dar xeques-mates a tudo aquilo que lhe desafiava, que a desviava de seus propósitos. Aplicava-os sempre diante das encruzilhadas e dos becos sem saída dos ardilosos tabuleiros da vida. Desenhou e construiu com maestria a sua história e assim terminou, em paz.

Bravo, Ercília!

AS PROFECIAS

O desejo e a palavra de Ercília sempre se destacaram, desde quando nasci. A decisão de meu nome teria um pingo de sua vontade. Sim, um pingo sobre uma letra! Eu seria Felipe, maneira como os brasileiros escrevem meu nome; mas não, não e não, segundo ela. Ercília teimava em dizer que a grafia do nome não era correta. Na verdade, era inaceitável. Não sossegou enquanto não achou a maneira de convencer a todos sobre a forma correta de meu nome.

— *Por todo el mundo el nombre es con "i". Así es en España, Filipe; entre los yankees, Philip; y para los franceses, Philippe. Incluso entre los italianos es Filippo. ¿Por qué le van a poner Felipe? ¡Qué raro!*	— No mundo todo, o nome é com "i". É assim na Espanha, Filipe; entre os ianques, Philip; e para os franceses, Philippe. Mesmo entre os italianos é Filippo. Por que vocês colocarão Felipe? Que estranho!

A argumentação era acalorada e veemente. Ercília tinha o poder da persuasão. Não ganhava pelo cansaço; ao contrário, ganhava pelo peso de seus comentários, pela urdidura que tecia entre os fatos com arrazoados de causas e consequências que eram determinantes e irrevogáveis. Nesse caso, em especial, usou toda a sua eloquência ao descobrir a grafia do possível nome do rebento, junto a minha mãe e ao meu pai.

Luzia não renunciava a sua escolha, afinal a decisão pertencia a ela e ao marido; sabia, no entanto, que à Ercília não lhe faltava verve. Seu passado político e os anos de intensa convivência com *Don* Desiderio e *Doña* Sara em Cañada Mi, além de sua intensa frequência *a* Kurepí, haviam lhe deixado um abundante e sofisticado repertório que utilizava sabiamente para influenciar e dissuadir.

Adicionava a essas capacidades outra, que dominava como ninguém: a de profetizar. De quando em vez, assumia uma personagem burlesca, quase cômica, que adornada por seus belos e coloridos turbantes, assentados precisamente sobre a cabeça, em um complemento a sua indumentária espanhola, faziam-na uma perfeita cartomante. Uma vidente a quem ninguém ousava dissentir. Quando menino, ao vê-la usando essas vistosas peças, logo conectava sua imagem à ideia de que aquele dia seria dedicado às adivinhações, à presciência, à quiromancia, às profecias enfim.

Os turbantes eram um atavismo de sua mãe, *Doña* Sara. Além das rendadas mantilhas que enleava aos seus cabelos castanho-escuros, *Doña* Sara usava suas marcantes influências andaluzes para alterná-las com lenços de seda amarrados como turbantes de forma árabe ou berbere sobre a cabeça. Sua família guardava longa relação com essas culturas, e elas não se apagaram facilmente ao longo da história de Sara. Dominava a arte de amarração dos turbantes e a ensinou à filha em longas sessões entre as duas quando Ercília ainda era criança. Adulta, Ercília apropriou-se por completo do legado e foi além, abusou da imagem arguta e pícara de profetisa. Embora tivesse prazer em divertir a todos dessa maneira, é preciso reconhecer que suas previsões eram certeiras e acuradas. Não sei se por sorte ou por pura destreza de condão.

De volta à candente disputa pelo meu nome, Ercília continuava em sua pregação quase xamânica; afinal, ali estava ela com todos os seus adornos de cores tão quentes quanto a sua contumácia. O turbante era acompanhado por argolas de ouro enfeitadas com corais que pendiam de suas orelhas. Sobre o colo, o mesmo coral em recorrentes e opulentas voltas. Habituada às pantomimas, as mãos ágeis argumentavam com hipnotizantes anéis de rubis e safiras marchetados nos dedos anelares de ambas as mãos. Transbordava sagacidade. Era uma invulnerável feiticeira sobre o seu oráculo de pura veleidade. Uma caprichosa vidente, unindo tudo ao seu propósito de dar destino ao neto pelas letras de seu nome.

— Com "I" me parece a versão mais correta! — ao mencionar Filippo, ganhou o meu pai, filho de italianos. Deu-lhe razão de modo sumário, abrindo passo para dobrar a posição de minha mãe.

— Si le ponen el nombre con la "I", yo le veo grande, a cruzar fronteras y a buscar lo que le pertenezca en el mundo afuera; pero si es con la "E", se le volteará la suerte para que le asignen un solo eje, reduciendo sus horizontes, sus posibilidades y sus palancas.

— Se lhe puserem o nome com "I", eu o vejo grande, cruzando fronteiras mundo afora, em busca do que lhe pertença; mas se for com "E", sua sorte será outra. Viverá em um mesmo eixo, reduzindo seus horizontes, suas possibilidades e suas alavancas.

Havia, claro, uma razão mais forte ainda. Teria sido esse o nome escolhido por ela para seu filho Ramón, não fossem os desígnios de Deus a lhe desafiarem no momento do parto. Assentiu à troca por pura devoção a San Ramón Nonato, que lhe estendera a mão e salvara sua vida naquela hora. Agora era diferente. Não desperdiçaria a oportunidade de empossar o novo varão da família com o devido nome que lhe caberia: Filipe, *en honor*[60] a Filipe II, Rei de Espanha, Sicília e Sardenha, Rei de Portugal e Algarves, Rei de Nápoles e Rei consorte da Inglaterra e da Irlanda. Conhecido como Filipe, o Prudente, essa seria a investidura que Ercília desejava ao neto, a prudência. O desejo de que as futuras gerações da família pudessem vingar a honra e o desfecho de Cañada Mi já havia sido destilado de suas veias. Foi extinto no exato momento em que cruzou o seu Rubicão. Filipe deveria viver

---

60 Do espanhol: em honra.

pela ventura de quem projeta um conquistador, *con los ojos del buen porvenir y la elocuencia de la palabra, y no con la mancha imborrable de la vindicta y del escarmiento*,[61] dizia Ercília.

— "E" ou "I", para mim, tanto faz. Será o mesmo nome de qualquer modo. Que seja Filipe, com "I", então — assentiu Luzia, finalmente.

E é por isso que assino meu nome com esse caudaloso pingo de exortação de minha avó.

Embora transpirasse suas habilidades de induzir e de convencer, é preciso esclarecer que as veias revolucionárias de Ercília ficaram na fronteira paraguaia. A idade trouxe-lhe temperança e autocontrole. Jamais a vi como uma déspota, em posição ou situação impositiva, autocrática. As origens de sua formação política sempre estiveram ligadas à social-democracia franquista, do Partido Revolucionário Febrerista. Com o decorrer do tempo e as experiências pelas quais passou, amadureceu. Aos poucos, converteu-se em uma democrata convicta, renunciando aos vieses de propostas revolucionárias, de luta armada, do apelo à força. Nunca deixou de opinar ou de apresentar, de modo contundente, uma ou mais alternativas a quaisquer questões. Sempre proporcionava pelo menos uma hipótese para dar rumo às coisas. E sempre rodeada de inspiração, de fleuma e de respeito. Não era raro ouvi-la dizer em família, em tom de um fatídico bom agouro, de uma benzedeira:

---

61 Do espanhol: com os olhos postos em um bom futuro e a eloquência da palavra, e não com a mancha indelével da vingança e da punição.

> | *¡A Ustedes, quiero dejarles una herencia: la más amplia libertad! Que váyanse y vivan donde quieran, para hacer lo que les dé la gana. Estoy segura de que buscarán siempre por lo mejor y por lo más sano de la vida.* | A vocês, quero deixar uma herança: a mais ampla liberdade! Que sigam e vivam por onde quiserem, para fazer o que lhes dê vontade. Estou segura de que buscarão sempre pelo melhor e pelo mais correto da vida. |

A frase era mais um legado do extenso repertório de sua mãe. Ouviu-a durante toda a sua infância.

A andaluza, *Doña* Sara, tinha fortes ligações com a cidade espanhola de Ceuta. Uma parte de sua família migrara do enclave espanhol em território africano e se estabelecera em Sevilla. Eram operadores de transporte mercantil e de passageiros. Ligavam a cidade de Ceuta ao Reino de Algeciras. *Doña* Sara nasceu em território europeu, mas estava habituada aos costumes tanto de Espanha como do Magrebe. Conviveu com as culturas cristã, judaica e muçulmana mescladas. Culturas que afluíram por séculos de modo diluvial ao sul da Espanha.

A Península Ibérica teve um longo tempo de domínio islâmico: o Califado Omíada, o Califado Almóada, o Califado de Córdova, os tantos Reinos, Principados e Emirados de Taifas — facções partidas dos Califados — além da província do Império Almorávida. Também teve um longo tempo de convívio com os judeus *sefaradim* e *mizrahim*: judeus da Península Ibérica e judeus do Oriente Médio e Norte da África, respectivamente. Além dos tempos de um exacerbado cristianismo inquisidor — a Santa Inquisição — e da Reconquista, culminando com a derrocada do Emirado Nacérida de Granada, último bastião dentre os estados islâmicos que se estabeleceram na península.

Doña Sara tinha contato direto com a cultura, os costumes e os idiomas utilizados por todos esses povos: um caldeirão de infinitas possibilidades. Atascou-se a esse emaranhado de conhecenças, de convergências e divergências, ouvindo e aprendendo o castelhano, o português e o catalão; escutando as conversas e expressões do ladino — *el djudezmo*[62] —, do *haketía*[63] e dos dialetos berberes e tuaregues. Enfim, Al-Andaluz — Andaluzia — em toda a sua essência, em todas as suas variantes e matizes. Tantos anos em uma família de mercadores e navegadores lhe deram a inegociável perspectiva de liberdade: uma *imazighen* — palavra berbere para identificar homens livres. Foi justamente essa perspectiva, carregada do berço, que trouxe sua família para o Paraguai. *Doña* Sara acompanhou os pais na busca de novos horizontes para a navegação e para o comércio, surgidos com a colonização espanhola dos domínios do *Río de La Plata*. Depois de desembarcarem em Buenos Aires, aportaram em Assunção, à beira do Rio Paraguai, para impulsionarem o mercado da alta bacia platina, levando e trazendo passageiros e mercadorias, desde a capital paraguaia até vilarejos e cidades como Valle-Mí, Concepción e Encarnación, no Paraguai; Formosa, Corrientes e Posadas, na Argentina. *Doña* Sara agregaria, assim, ao seu farto caldeirão de culturas, a perspectiva guarani.

Em um almoço de domingo, no ano em que estudava o último ciclo do então colegial, hoje Ensino Médio, no lugar mais sagrado de minha casa, à mesa, provoquei a conversa que me trazia angustiado nos últimos meses. Todos já começando a degustar o saboroso pintado ensopado da receita de minha mãe, e lá fui eu.

— Pai, mãe, gostaria de ter uma conversa importante com vocês. Pode ser? — com a comida intacta no prato, eu mostrava preocupação. Minhas mãos suavam e meu semblante me denunciava, principalmente porque, em casos assim, normalmente uma de minhas sobrancelhas se levanta. Apenas a direita, sem que eu perceba.

---

62 Do espanhol: língua falada pelos judeus de comunidades sefarditas. Também conhecida por espanhol sefardita, judeu-espanhol ou ainda ladino.
63 Uma ramificação ou dialeto do ladino, do judeu-espanhol ou espanhol sefardita, sendo muito utilizada no norte do Marrocos, especialmente em cidades como Ceuta.

— Claro, meu filho! Deve ser muito importante mesmo! Seu pedido tem um tom muito solene que combina com a sua cara de quem está preocupado. O que houve? Diga lá! — respondeu meu pai.

Hesitei por alguns segundos, mas tomei impulso e soltei o verbo, falando um pouco mais acelerado do que de costume. Estava muito ansioso.

— Finalmente decidi o que quero cursar na universidade. Sei que vocês estão curiosos, até mesmo aflitos. Depois de muita reflexão e pesquisa, tomei a decisão. Conversei com meus professores, pedi ajuda para as minhas pesquisas e estou decidido — eu tinha dezesseis anos de idade e estava plenamente convencido de que minha visão futura não me trairia no propósito de vencer na vida.

— E o que será? — perguntou meu pai, inclinando-se em minha direção e revelando todo o interesse sobre o assunto com a mesma sobrancelha alta. Afinal, o peixinho puxa ao peixe e não ao polvo.

Os dois já sabiam, pelas minhas preferências, que eu não seria mais um médico em uma família cuja tendência profissional era a de cumprir o juramento de Hipócrates. Estavam certos de que seria Engenharia Civil, pois era a única modalidade das engenharias então oferecida na cidade. Também porque eu demonstrava alguma aptidão para o campo da matemática. Reconheciam minhas habilidades com a literatura, com a história e com a geografia, mas essas não seriam opções dentre as carreiras que consideravam auspiciosas. Não tinham preconceito; tinham, na verdade, pouca visão além da tríade de formação universitária clássica, típica das famílias de classe média da época: o Direito, a Medicina e a Engenharia.

— Relações Internacionais! — disse eu vigorosamente, com a sobrancelha direita mais alta do que nunca.

Silêncio! Longo silêncio! Percebia a troca de olhares de meus pais perguntando-se: o que seria isso? Para eles, Relações Internacionais ainda era uma carreira muito distante, completamente fora do radar deles. Em não sendo a clássica tríade, esperavam ouvir algo como Arquitetura, Economia, Jornalismo, Psicologia ou Pedagogia. Pois, não! Surpreendentemente, não eram essas as opções.

— Relações Internacionais? O que exatamente é isso, filho? Trabalhar com o quê e onde? — já haviam escutado algo sobre o assunto, mas nada que lhes desse a mínima condição de comentar ou opinar sobre um dos momentos que consideravam mais importantes na relação entre pais e filhos: a orientação profissional.

— Isso mesmo! Relações Internacionais é uma das profissões do futuro. Mais e mais países, organizações multilaterais e empresas precisarão de bons profissionais que definam suas estratégias de relacionamento político, econômico e social. Que os ajude com caminhos e diretrizes relacionadas ao comércio, às exportações e importações, aos acordos de cooperação, à assinatura de contratos e de tratados. É uma profissão que inclui várias matérias do Direito, da Economia, da Matemática, da Estatística, da Sociologia, da Filosofia, da Comunicação, das Ciências Políticas e da História. É, com certeza, uma nova fronteira de desenvolvimento. Ao invés de cursar Engenharia, como pensei originalmente, quero mesmo é me dedicar a algo novo. Algo que ainda tenha um mercado a ser desenvolvido. Aprender com o futuro, enfim — explicava eu, didaticamente, colocando em prática todo o resultado de minhas investigações sobre o tema. Eu sabia que aquele momento seria crucial para angariar apoio e aprovação ao meu projeto pessoal. Se falhasse na primeira tarefa, teria pouca ou nenhuma chance de prosperar em meus próximos passos, por isso me preparei muito bem para essa conversa, com argumentos e exemplos.

— É como se tornar diplomata?

— Não, pai! A diplomacia requer um curso de graduação completo e o domínio de alguns idiomas para que eu possa ingressar por meio de um concurso no Instituto Rio Branco, em Brasília; e, assim, complementar os estudos que me permitirão me tornar diplomata. A diplomacia é uma carreira interessante também, mas não é exatamente ela que estou buscando. Pelo menos por agora. Posso repensar essa decisão no futuro e quem sabe me candidatar para me tornar diplomata, mas isso é para depois.

— Sim, mas o inglês você já tem! — voltou-me com a simplicidade do olhar de quem se orgulhava em ver que o filho havia conseguido dominar um outro idioma, em épocas em que essa condição não era lá nada comum. A sobrancelha já havia retomado sua posição de calma e de costume.

— *True!*[64] — respondi, em um tom de brincadeira e um piscar de olhos para o velho.

— Bem, Filipe, agora é saber onde é que existem universidades que ofereçam esse curso. Você já pesquisou? Tem ideia de onde estão? — perguntou minha mãe.

— Sim, mãe. Já fiz a pesquisa. As mais conceituadas estão em São Paulo, no Rio de Janeiro e em Brasília.

— E você está certo disso, filho? Precisa conversar com mais alguém que possa aumentar seu conhecimento sobre essa carreira? — perguntou meu pai.

— É isso o que eu quero. É isso o que me motiva! Como disse, conversei com meus professores e orientadores na escola, mas acho

---

64 Do inglês: Verdade!

que devo seguir com essas conversas com pessoas que tenham como me ajudar. Não em modificar minha decisão, mas para me preparar melhor — respondi, sem caber em minha felicidade.

— Menino danado! Então vamos nos preparar para a sua ida a São Paulo, ao Rio de Janeiro e a Brasília. Você precisa conhecer as universidades de perto e prestar as provas de vestibular[65] — retrucou meu pai, com a benção final sobre minha decisão.

— Obrigado, pai! Obrigado, mãe! Vocês não imaginam como estou feliz com a minha decisão e com o apoio de vocês — não me contive e levantei-me para abraçá-los. A comida continuava intacta e fria no meu prato.

Foram meses dedicados a um estudo profundo sobre a minha decisão de carreira e muitas semanas ensaiando aquela reunião. Devo confessar que não estava nem um pouco seguro sobre seu desfecho. Ainda menino, sabia das dificuldades que meus pais teriam para darem sustentação financeira ao meu projeto. Não tinha consciência de todos os impactos que minha decisão lhes traria, mas me preocupava e me interessava em buscar meios que pudessem ajudá-los.

Depois de sete anos após a morte de Ercília, seria a minha vez de cumprir as suas profecias. A sacerdotisa havia anunciado o que ouvira dos deuses, e eu cruzei Tordesilhas! Sim, a minha primeira linha. Fui viver onde eu queria, para fazer o que tinha vontade. Era o desígnio cuidadosamente preparado para aquele que assinava seu nome com um pingo de sortilégio por ela predito, Filipe!

---

65 Antigas provas de admissão realizadas pelas universidades e faculdades de todo o país.

Deixei Campo Grande para estudar em uma universidade da cidade do Rio de Janeiro. Seria um desafio e ao mesmo tempo uma conquista. As vacas magras do período final da ditadura brasileira não davam suficiente elasticidade ao bolso de meus pais para me permitirem o luxo de estudar em outra cidade, com custos naturalmente altos se comparados à opção de permanecer estudando em casa. Foram gigantes. Guerreiros em abrir-me caminhos. Zelosos em costurarem competência com sorte nas plantas de meus pés. Por onde fosse, para fazer o que quisesse, eu haveria de cumprir o vaticínio de Ercília.

Alguns meses mais tarde, meus pais contaram-me sobre a venda de Ñu Guassu, tida como salvo-conduto para o futuro deles. Haviam recebido do espólio de Ercília e comprado, em condições atraentes, as partes que cabiam a Maria e a Ramón, irmãos de minha mãe. Ao longo de quase uma década, os negócios de Kika e de Stephan haviam prosperado. Os três filhos — Karl, Ludwig e Hans — tornaram-se homens, empenhados em acelerar com êxito o ritmo dos negócios de seus pais. Não foi difícil, portanto, chegarem a um acordo para que a propriedade voltasse às mãos dos antigos proprietários. O pagamento foi facilitado. Não se daria à vista. Meus pais fecharam um acordo em que receberiam metade do valor como entrada e o restante em oito parcelas trimestrais corrigidas pela inflação, totalizando dois anos de contrato. Nessa época, o país convivia com uma economia habituada à hiperinflação, destruindo aceleradamente o valor dos contratos para aqueles que não protegessem seus recebimentos futuros com algum tipo de correção monetária.

A nova venda de Ñu Guassu seria uma sequência de transações em que todos ganhavam. Kika e Stephan, resgatando a propriedade e utilizando-a como garantia em linhas de crédito que alavancariam seus negócios relacionados ao comércio de aves, suínos e tubérculos. Nunca falharam com os pagamentos assumidos. Meus pais, dando lastro aos custos de minha formação e de minha vida fora de Campo Grande, e eu pavimentando minha formação e as vias de construção de meu futuro.

De volta ao cenário da conversa solene com os meus pais no almoço de domingo, sentada no sofá da sala, de frente para mim, espiando a conversa com sua perna direita esticada em uma branda aragem, estava Ercília. Faceiramente, piscou-me com um sorriso largo, fazendo seu *colorete* e suas argolas de ouro sobressaírem-se naquela minha visão de soslaio e de pouca luz sobre o ambiente em que estava. A profetisa carregava seu infalível turbante sobre a cabeça. Estava bem! Via-se bonita! Durante toda a conversa sobre meu futuro, eu não havia notado sua presença. A visão que eu tinha de meus pais, sentados de frente para mim, encobria os lugares da sala de estar. Surpreso, perguntei-me, enquanto era acolhido e celebrado por meus pais.

— Há quanto tempo ela estaria ali, sentada? Teria ouvido toda a conversa? Acho que sim! Queria ser testemunha de suas próprias predições. Confirmar o que havia desenhado.

Logo notei que o privilégio da visão de Ercília era só meu. Observei que meus pais não a viam, não a sentiam. Ninguém a veria, apenas minha retina, meu cérebro e meu coração. Quando voltei a mirada para certificar-me de sua presença, já não estava no sofá da sala. Deslocava-se sem o seu passo claudicante, aproximando-se de mim e de meus pais na sala de jantar. Naquele exato instante, percebi que eu orbitava dois espaços simultaneamente: um em que conversava e abraçava meus pais, e outro em que a via, que a sentia com sua mão sobre a minha cabeça, como sempre fazia quando eu ainda era criança. Estava envolvido por um incenso, pelo seu intenso e persistente perfume de jasmim, exalando aos meus sentidos como se estivesse imerso em uma suave bruma das manhãs, típica dos dias mais frios de Campo Grande. Minha vista agora alcançava somente o seu rosto.

— ¡*Bravo, mi nieto!*⁶⁶ — soprou aos meus ouvidos de modo sereno, em um constante movimento como que me rodeando, evolando-se por entre os objetos e por entre os meus pais. E seguiu...

— *Il nous faut de l'audace, encore de l'audace, toujours de l'audace* — a longeva frase de Danton ("Precisamos de audácia, ainda mais audácia, sempre a audácia").

Não a respondi. Não estava assustado, estava mesmo impressionado, surpreso e intrigado. Minha sobrancelha, que já poderia estar relaxada, seguia levantada. Meus pais entenderam que minha reação tinha a ver com a aprovação inesperada deles para os meus planos de formação profissional. Não tinham ideia do que a outra órbita daquele espaço me apresentava. Não havia como dizer-lhes nada naqueles minutos fugazes da inesperada presença de minha avó.

Depois de recitar suas redondilhas franco-castelhanas, vi apenas que Ercília desaparecia lentamente enquanto dava voltas pela sala de jantar. Como um golpe de ilusionismo, uma figura que se esvai em uma cerração, em um nevoeiro, sem matéria. Algo que se evapora, que some, sem claudicância. O último sinal a se dissipar foi o seu sorriso, marcado pelo seu inseparável *colorete*. Mantinha-o fixo em meu olhos. Era de um puro e convincente *bonheur*.⁶⁷ De alguém que parte com a tarefa completada, com o sentido de dever cumprido. Deixou apenas as suas essências, o acentuado odor de jasmim e o incomparável tamanho de sua alma. Uma refugiada que nunca se refugiou de si mesma; pelo contrário, apropriou-se de sua imagem, de seus propósitos, de suas vontades e de todas as oportunidades que lhe foram apresentadas.

---

66   Do espanhol: Bravo, meu neto!
67   Do francês: felicidade.

— Nossa! Que estranho, sinto o perfume de Ercília! — exclamou minha mãe, meio estremecida. — Vocês não sentem? – emendou a pergunta.

Conhecendo-a bem, Ercília não faltaria àquele momento tão solene de sua mais aquilatada premonição. Esteve sim, sorrateira, escondida por todos os lugares daquela sala de estar, sem que a notássemos, até que meu projeto de futuro estivesse consumado, até que seu neto obtivesse o sinal verde de seus pais para o cumprimento de sua profecia. Daquele instante em diante, seria Filipe quem seguiria os seus passos e cruzaria Tordesilhas, quem desafiaria uma linha, quem desenharia um desalinho para realinhar-se a novos propósitos. Ercília atuou incansavelmente, como uma deusa com aura protetora, para que a minha decisão desse certo em toda a sua extensão, até o canudo. Seriam anos em que o universo conspiraria a favor, com a nítida intervenção dela, permitindo que meus pais conseguissem sustentar-me nessa empreitada e que eu, consciente das dificuldades, não piscasse na execução primorosa de meu plano.

Quando Ercília comprou o sítio na cidade de Itaporã, dizia a meus pais que estava comprando uma pedra bonita — em guarani, *Ita* é pedra e *porã*, bonita. Dizia também que mais tarde eles deveriam ajudá-la a lapidar essa pedra bonita. Meus pais entreolhavam-se, julgando-a; mas sem contrapô-la. Achavam que Ercília queria o apoio deles para cuidar da propriedade, pois sozinha não teria forças para geri-la. A idade avançada e sua condição de mobilidade eram obstáculos intransponíveis, cada vez mais limitantes. Tampouco eles poderiam abandonar suas vidas e seus afazeres para cuidarem de um projeto sem garantias de retorno e que requereria um vultoso montante de investimentos iminentes de que não dispunham. Continuavam certos de que a verdadeira intenção de Ercília era a de apoiar o projeto de um casal que a mantinha conectada ao seu passado, a Cañada Mi: o projeto de Kika e Stephan. Pois deram-se conta mais tarde de sua avaliação equivocada, de uma leitura curta sobre o verdadeiro e nobre objetivo. A pedra não tinha nada a ver com Cañada Mi nem com o projeto de Kika e Stephan. A pedra a ser lapidada era outra. Era Filipe! Merecia sim ser rematada com a participação ativa de quem ela havia encarregado desde o início para a tarefa: meus pais. Afinal, ela se prestava a dar um belo empurrão na formação do neto, mas era deles a responsabilidade.

Ercília optou por dar o nome de *Ñu Guassú* — Campo Grande, em guarani — à propriedade em Itaporã porque, além da homenagem à cidade que melhor a acolheu depois que desertou do Paraguai, o sítio seria na verdade um campo de grandes possibilidades que se abririam para Filipe. Esse seria, portanto, o ponto final de sua história, de sua vida, mesmo depois da morte, reapresentando-se no cenário da solene conversa entre o neto e seus pais sobre futuro e formação profissional.

Seu sorriso final, envolto pelo seu tradicional *colorete* e esfumaçando-se até virar nada, era o sinal de seu descanso para todo o sempre, de sua partida definitiva. Um ponto final. Como aquele pingo de "I" que colocara sobre o meu nome — Filipe — pois, agora, colocava-o como ponto final sobre o seu próprio horizonte. A partir dali, seria a história de Filipe, *con los ojos del buen porvenir y la elocuencia de la palabra, y no con la mancha imborrable de la vindicta y del escarmiento.*[68]

Em um elegante sinal de reconhecimento e respeito, Kika, Stephan e os seus três filhos mantiveram o nome da propriedade como queria Ercília: *Ñu Guassu...* Campo Grande...

Outra vez, bravo, Ercília!

---

68 Do espanhol: com os olhos postos em um bom futuro e a eloquência da palavra, e não com a mancha indelével da vingança e da punição.

SILÊNCIO

Genebra, dezembro de 2024.

Em uma grande tela de computador disposta sobre minha mesa de trabalho, reviso os muitos relatórios, com dados compilados até meados de 2024, preparados e editados pela equipe que integro no escritório em Genebra da UNHCR (United Nations High Commissioner for Refugees) ou, em português, ACNUR (Alto Comissariado das Nações Unidas para os Refugiados). São dados brutalmente impactantes sobre o acelerado aumento no número de refugiados no mundo, ao longo dos últimos dez anos. Essa curva acentuada é a prova de que o mundo vem se fragmentando perigosamente, de que há um aumento de distensões entre os povos e países, impactando e aniquilando vergonhosamente a vida de milhões de pessoas.

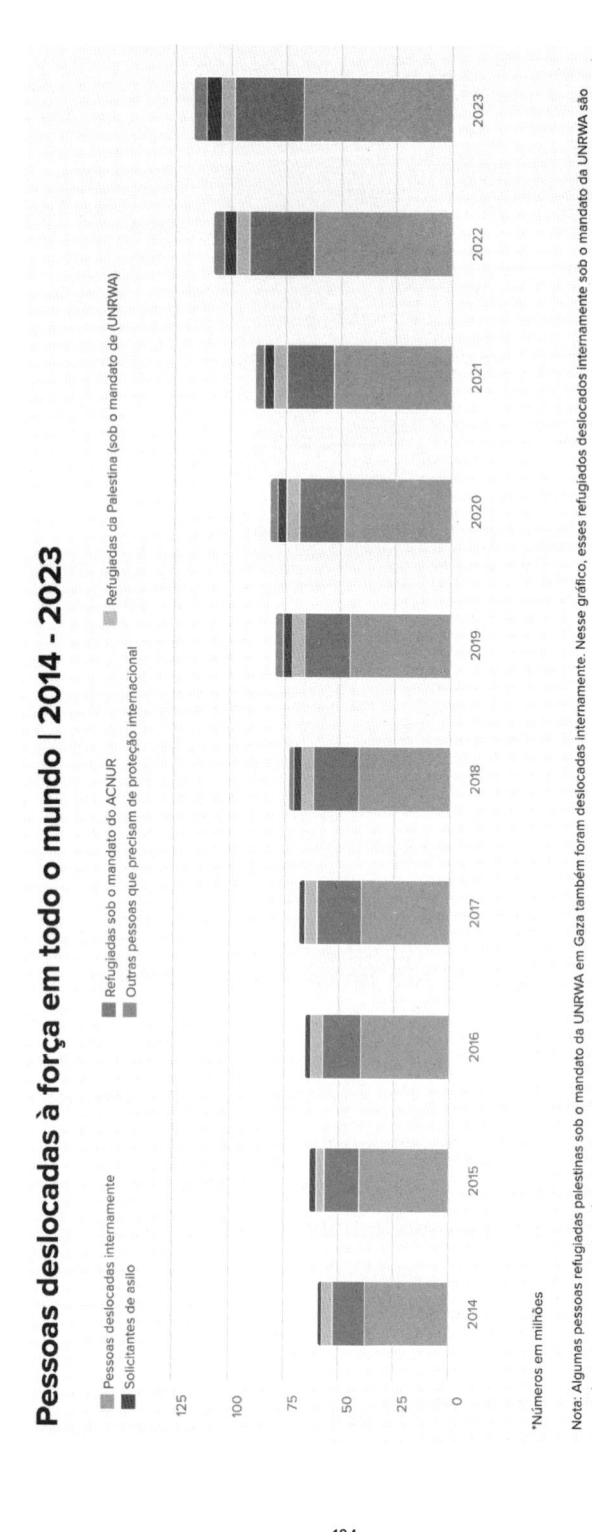

Pessoas deslocadas à força em todo o mundo | 2014 - 2023

- Pessoas deslocadas internamente
- Solicitantes de asilo
- Refugiados sob o mandato do ACNUR
- Outras pessoas que precisam de proteção internacional
- Refugiadas da Palestina (sob o mandato de (UNRWA)

*Números em milhões

Nota: Algumas pessoas refugiadas palestinas sob o mandato da UNRWA em Gaza também foram deslocadas internamente. Nesse gráfico, esses refugiados deslocados internamente sob o mandato da UNRWA são contados apenas uma vez, sob o número de "refugiados da Palestina sob o mandato da UNRWA".

Número de refugiados no mundo entre 2014 e 2023, segundo a ACNUR

De acordo com os levantamentos da agência, cerca de 117 milhões de pessoas encontram-se em situação de deslocamento forçado, motivado por: perseguições associadas a raça, religião, nacionalidade, grupos sociais ou opiniões políticas; conflito; violência; violação de direitos humanos ou ainda sérios distúrbios sobre a ordem pública dos lugares onde viviam. Desses 117 milhões de pessoas, aproximadamente 67 milhões como IDP (*Internally Displaced People* ou Pessoas Deslocadas Internamente), indivíduos forçados ao deslocamento dentro de seus próprios países; 37,6 milhões como refugiados que cruzam fronteiras; 6,8 milhões como solicitantes de asilo e outros 5,7 milhões de pessoas em situação de vulnerabilidade que precisam de proteção internacional. Oficialmente, quase 5 milhões de pessoas não possuem cidadania de nenhum país. Estima-se que esses números sejam, de fato, muito maiores, pois os órgãos oficiais não conseguem capturar a totalidade dos seres humanos impactados por esse vil flagelo social.

Sabemos que são os conflitos, internos e externos, de um intrincado caldeirão geopolítico em que vivemos que fomentam as instabilidades e forçam populações ao deslocamento não planejado de consequências imprevisíveis. A constante busca pelo poder determina a origem e o avanço desse grande problema. A história já desenhou linhas amargas por todo o globo, com reflexos indesejados e inesquecíveis para a sociedade e, ainda assim, seguimos escalando o tema, aumentando o seu alcance e inaugurando novas frentes. Natural para um mundo que, além de se fragmentar a passos largos, polariza-se de modo agressivo. Resultado de um modelo eterno de domínio, de conquistadores e de conquistados, que se estabelece desde a era dos clãs e das tribos e permanece até os dias de hoje. Os interesses de uns sobre outros comandam as articulações e os movimentos.

Quando a diplomacia é arrebatada pela força, o desfecho é nefasto, funesto para tantas vidas usurpadas de seus direitos, sem necessariamente compreender quês e porquês: às vezes econômicos, sociais, étnicos, ideológicos, territoriais ou ainda religiosos.

Os países impactados constantemente mudam. Basta que um novo tensionamento social e ou político ocorra em algum recanto do globo para que se disparem novos fluxos de pessoas a cruzarem linhas que supostamente as protejam. Podem salvá-las da morte; mas, em geral, impõem um modelo de sobrevida absolutamente desumano.

Em um porta-retratos duplo sobre minha mesma mesa de trabalho, revejo Ercília, quase na mesma direção do relatório que tenho aberto na tela de meu computador. Meus olhos desviam-se por centímetros da leitura dos tantos gráficos e encontram-se com aquela antiga foto tirada em minha escola com os meus pais, a professora Jandira e ela. Do lado de fora, a fina e gélida neve insiste em relembrar a todos a chegada do inverno, que contrasta com os sorrisos cálidos que rodeiam a medalha dourada em meu peito, conquistada pelo meu desempenho na Feira de Ciências.

Ercília salta do porta-retratos e agiganta-se sobre o relatório, sobre todos aqueles dados e condições de vida lamentáveis que analiso em pleno ano de 2024. São números expressivos que dão conta de hordas de pessoas forçadas ao deslocamento, impelidas ao exílio. Na foto antiga, o menino não tinha maturidade para entender os esforços e a obstinação empreendidos pela avó em um redesenho de vida, em um recomeço. Conhecendo o drama e as condições impostas à grande maioria das pessoas empurradas a essa situação, percebo que Ercília foi um caso em que sua destreza a tirou de desdobramentos mais drásticos, mais dramáticos. As linhas que cruzou, os desalinhos a que se submeteu e, principalmente, sua perseverança em sobrelevar-se, permitiram-lhe a vida com um mínimo de decência. Uma grande parte dos casos não termina assim. De fato, termina de modo desesperançoso, desumano e catastrófico. Um suplício de características físicas, psicológicas e morais cujo desenlace é a banalização e a abreviatura da vida.

De meu escritório, à *Rue de Montbrillant*, em Genebra, fito o horizonte. A neve parece agora cair mais intensamente, convidando-me às reflexões ainda mais densas e a uma remontagem do passado.

— Quantos casos? Quantos casos ao longo de tanto tempo? — pergunto-me em voz lenta e baixa, conversando comigo mesmo.

São séculos em que multidões de pessoas abandonam suas vidas e suas histórias do lado de lá de uma linha. Carregam consigo apenas lembranças acompanhadas de medo e coragem pelos caminhos tortuosos e desaprumados que escolhem seguir, muitas vezes sem nenhuma alternativa. Quando ainda vivia no Brasil, lembro-me de muita gente interessada em conhecer a origem de suas famílias, de seus ancestrais. Portugueses, espanhóis, italianos, alemães, árabes, turcos, japoneses, armênios, africanos, latino-americanos, dentre outros, deslocaram-se para o Brasil, em sua imensa maioria, como um meio de buscar uma vida melhor, refugiando-se de guerras, das agruras sociais de seus países originais, da falta de meios de subsistir ou por uma imposição hedionda e abominável como aquela que se registrou sob os conveses de odiosos navios negreiros, tratando seres humanos como objetos que podiam ser trocados ou vendidos, forçados à escravidão humilhante, nefanda e execrável.

O silêncio domina o ambiente. À medida que o ouço, fito Ercília. Naquele instante, tenho a impressão de que ela voltaria, como fez na conversa de definição do meu futuro que tive com os meus pais. Busco por ela. Meus olhos, aflitos, giram ao meu redor, pelos recantos todos. Não há sofás nem mesas em que possa estar. Não há turbantes. Não ouço guizos de suas contas de corais. Não encontro o sorriso de *colorete*, nem mesmo sinto o aroma de jasmim no ambiente.

Nada além do silêncio...
Uma mudez calada...
Quieta...
Não há ninguém no escritório...
Apenas eu...

Um nó na garganta me aperta. Como se eu voltasse no tempo. Voltasse às charretes e às linhas sobre o piso antigo de Campo

Grande. Ouvia a voz de *Don* Porfirio, conferindo os arreios dos cevados Florêncio e Listrado. Ouvia também a voz de minha avó, em conversas alegres sobre a vida com o distinto cavaleiro e com sua esposa, *Doña* Asunción. Revia meus pais embarcando nos trens em direção a Ponta Porã, a Corumbá e a Aquidauana. Ria das animadas rodas de mate das tantas comadres paraguaias, sempre nas *soleadas*[69] tardes que morriam ao pôr do sol terracota de Campo Grande. Brincava com os alvoroçados amigos da escola a desafiarem a austera e trombuda Jandira. Sim, a infância nos dá uma dimensão sempre positiva da vida, por mais complicadas que sejam as situações vividas. Refazia minha chegada ao Rio de Janeiro, ao Brasil da costa atlântica, de além Tordesilhas. Revivia a vida frugal de estudante, os meus avanços até Greenwich e até chegar ali, em Genebra, sentado à minha mesa de trabalho, depois de haver cruzado o meridiano central do mundo e assentar minha vida aos pés dos esbranquiçados e pontiagudos Alpes suíços.

O nó da garganta cresce. Espreme o peito. Um momento de reconhecimento, de gratidão pela doação de um ser humano aos seus descendentes. Talvez eu não existisse se Ercília sucumbisse, se Ercília desistisse de suas três grandes linhas: a Fronteira Seca, Tordesilhas e o Rubicão. Se Ercília não se desafiasse, talvez não teria me estabelecido em Greenwich para estudar e começar novos capítulos de minha história pessoal. Justamente por onde a percepção de mundo começava quando me apropriava do meu tabuleiro na Feira de Ciências para explicar como o mundo deveria ser lido com os recursos de geolocalização traçados em linhas feitas com pedaços de fios de lã, esticados em paralelos e meridianos e cuidadosamente armados por mim e pelo meu pai. Aquele garoto debruçado sobre seu sagrado retábulo não se imaginaria morando em Greenwich, para ali avançar com os seus estudos em um mestrado na área de Ciências Humanas.

---

69 Do espanhol: ensolaradas.

Se esse fio de história se rompesse, eu não chegaria a constituir minha família com Marjorie, uma linda e alegre escocesa de Glasgow, que conheci na própria universidade, em meu mesmo MPhil.[70] O sorriso de Marjorie e seus marcantes olhos ocupam o mesmo porta-retratos duplo ao lado da foto antiga na Feira de Ciências. O nó da garganta não desata, teima. Os anos, décadas que vão se passando pelas memórias reavivadas pelas duas fotos, na companhia de quem amo, comprimem os dedos de uma das minhas mãos contra os meus olhos. O silêncio só é quebrado por um único suspiro. Um único. Uma rendição aos valores de integridade e de coesão pela vida. Reabro os olhos. É a imagem de Marjorie descontraída, tomada em uma de nossas viagens, que me toma e recobra os sentidos. Não desvio minha mirada de seus embriagantes olhos. Eles me alentam e me alimentam, desde sempre. Sinto-me forte.

O silêncio retoma controle sobre o ambiente...
O tempo caminha lento...
O obstinado e persistente nó na garganta desaperta...
aos poucos se desfaz.

Vejo razão e propósito no que construí antes de conhecê-la, no que seguimos construindo juntos e na visão de futuro que tenho com minha escocesa. Minha leitura de um homem completo está na capacidade de meu autoconhecimento e na visão de um amor despertado pela atração e assentado sobre os pilares da retidão mútua. Não precisavam ser, mas nossas histórias, visão de mundo e interesses são coincidentes, o que nos aproxima ainda mais. A definição de que as oportunidades devem ser as mais equânimes para todos, principalmente diante do histórico de nossos antepassados, que cruzaram fronteiras para fugir às perseguições: histórias de refugiados.

---

70 Abreviatura para *Master of Philosophy* ou Mestrado em Filosofia, uma pós-graduação avançada que envolve pesquisa independente e um projeto de dissertação.

Os ramos familiares originais de Marjorie provinham dos segmentos católicos da população da Irlanda do Norte. Seu avô tinha ligação direta com o Sinn Féin — *Nós mesmos*, em gaélico —, movimento político fundado na Irlanda em 1905, de ideologia social-democrata e religião católica. O objetivo histórico do Sinn Féin sempre foi o da desvinculação irlandesa da Coroa Britânica. A Irlanda fez parte do Reino Unido da Grã-Bretanha e Irlanda a partir do Ato da União de 1800, durante o reinado de George III.

Três aspectos terminaram por espalhar conflitos sociais e políticos pela ilha, segmentando-a em Irlanda do Norte e do Sul. O primeiro foram os efeitos da Grande Fome, que assolou a Irlanda entre 1845 e 1849 pela imposição inglesa da monocultura da batata, que foi dizimada por pragas. O segundo, a divisão entre protestantes e católicos. O terceiro, as ações da Coroa Britânica em defesa de privilégios aos unionistas, em clara oposição aos nacionalistas. A Irlanda do Norte foi formada por seis dos nove condados que compõem uma das quatro províncias históricas da Irlanda, o Ulster. Era a parte mais industrializada e dominada pelos irlandeses unionistas, de predominância protestante e que defendiam o regime administrativo da Coroa Britânica. A Irlanda do Sul, ou somente Irlanda, era mais agrária. Tinha o domínio dos nacionalistas, majoritariamente católicos, cujo objetivo era a independência da Coroa Britânica.

A independência foi declarada em 1916 e reconhecida em 1922. Não sem lutas e conflitos com efeitos tanto na Irlanda do Norte como na do Sul. A sulista é hoje uma próspera república soberana e independente; enquanto a boreal remanesce como uma nação politicamente autônoma vinculada ao Reino Unido.

A família de Marjorie era de Belfast, a capital da Irlanda do Norte e território conflituoso com a atuação do IRA — Irish Republican Army ou Exército Republicano Irlandês —, até a sua deposição de armas ocorrida em 2005. Seu avô era funcionário da Harland & Wolff, um dos mais antigos e icônicos estaleiros do mundo, responsável pela construção de inúmeros transatlânticos, dentre eles o faustoso Titanic. A vulnerabilidade e a incerteza política vividas na Irlanda no início do século XX empurraram a empresa para uma aquisição realizada em 1912, de um estaleiro em Govan, na cidade de Glasgow, Escócia, à beira do Rio Clyde, quase boca do fiorde de mesmo nome. Seu avô foi então transferido para a nova operação escocesa, partindo com a família. Os anos 1920, pós-Primeira Guerra Mundial, seriam incrivelmente difíceis. Em especial para os católicos irlandeses, que seriam rotineiramente demitidos por evidente perseguição discriminatória em favor dos protestantes. Pois não fora diferente com seu avô. Multidões de irlandeses católicos desempregados e desamparados produziriam uma das maiores diásporas do mundo em busca de melhores condições de vida. Levavam consigo apenas a fé em São Patrício e o trevo de três folhas, representando a Santíssima Trindade. O núcleo familiar de Marjorie manteve-se emigrado em Glasgow, na Escócia, resignado e com condições de sobrevivência de extrema dificuldade.

Com a vista ainda raptada pela neve que segue caindo e impede a visão dos Alpes que circundam Genebra, pergunto-me se cada um de nós já se imaginou nessa situação. Em uma condição de perda de direitos, de aniquilação da possibilidade de encontrar saídas, exceto a do desterro, a última via. A história está repleta de linhas acres que tanto empurraram e marginalizaram populações. Em geral, não vejo que as pessoas sejam tão conhecedoras das histórias alheias quanto são de suas próprias. Por nossas andanças mundo afora, Marjorie e eu, fomos buscar esse conhecimento e, principalmente, a sensibilidade sobre as histórias alheias, antigas ou atuais, que enumero algumas delas a seguir:

i. Pogroms que remontam à sanha dos reis católicos franceses em perseguições e assassinatos implacáveis aos huguenotes, protestantes franceses calvinistas, tal qual o Massacre da Noite de São Bartolomeu, ocorrido em Paris, no dia 24 de agosto de 1572.

ii. A profusão de linhas traçadas, em inúmeras cidades europeias, para a segregação de judeus por injunções em evidentes atos discriminatórios, criando os chamados guetos, que alcançaram níveis inimagináveis de bestialidade no Holocausto da Segunda Guerra Mundial, quando cerca de seis milhões de judeus foram levados dali para campos de concentração a fim de serem hedionda e brutalmente exterminados.

iii. O fim da Segunda Guerra Mundial inaugurou o período da Guerra Fria, em que se produziram distensões e confrontos entre os países dos blocos Ocidental e Oriental, comandados pelos Estados Unidos da América e pela então União Soviética, respectivamente. O fatiamento da Alemanha Nazista entre as principais potências aliadas vencedoras da Guerra — Estados Unidos, Reino Unido, França e União Soviética —, provocou a criação da RFA (República Federal da Alemanha) ou Alemanha Ocidental, constituída pelas porções dos três primeiros países, e a RDA (República Democrática da Alemanha) ou Alemanha Oriental, sob a tutela soviética. A capital alemã, Berlim, também seguiu um fatiamento semelhante, separando a cidade em duas partes: Berlim Ocidental e Berlim Oriental, sob a custódia dos mesmos dois grupos de países. É justamente em Berlim que se ergue uma linha da vergonha, chamada de Muro de Berlim, com o propósito renovado de segregação por ideologia. Dados oficiais indicam que 140 pessoas morreram ao longo dos 28 anos de existência do Muro, separando para sempre indivíduos de uma mesma sociedade, de um mesmo país, até o ano de sua queda definitiva e da reunificação da Alemanha, ocorrida em 1989.

iv. Sorvendo o café quente e revigorante, deixo o horizonte me levar para outra longeva linha riscada ao interesse de diferentes impérios: a linha que divide as duas Coreias, do Norte e do Sul, chamada de Paralelo 38. No final do século XIX, a Coreia era um estado tributário da China sob a dinastia Qing. O Império Japonês se fortalecia com alianças estabelecidas com o mundo ocidental, especialmente com o Império Britânico. As vitórias do Japão na Primeira Guerra Sino-Japonesa, em 1895, e na Guerra Russo-Japonesa, em 1905, colocaram a Coreia sob a influência direta do Japão, primeiro como protetorado (1905 a 1910) e depois como colônia (1910 a 1945). Foi o Japão quem primeiro propôs o Paralelo 38 ao

Império Russo, no final do século XIX, para delimitar as zonas de influência de ambos os impérios. Com a rendição japonesa ao fim da Segunda Guerra Mundial, os Estados Unidos, a União Soviética e a China passaram a disputar influência sobre a Coreia, culminando com a Guerra da Coreia, de 1950 a 1953, e com a criação oficial de mais uma linha em 1953: a DMZ (*Demilitarized Zone* ou Zona Desmilitarizada), resultado de um tratado de armistício, válido ainda hoje. O cessar-fogo na guerra entre a Coreia do Norte e a Coreia do Sul, que dizimou mais de um milhão de vidas, dividiu e ainda divide famílias, cruelmente assenhoradas de suas liberdades.

v. Similar e simultaneamente à Coreia, a partição do Vietnã no paralelo Norte 17 em 1954 criou uma outra Zona Desmilitarizada e dois novos estados: a República Democrática do Vietnã do Norte, com o apoio da China e da União Soviética; e o Vietnã do Sul, com a proteção dos Estados Unidos da América. A linha é resultado dos Acordos de Genebra, que decidiram pela instituição de Zonas Desmilitarizadas, tanto para o caso da Coreia quanto do Vietnã. No caso vietnamita, como sequência à Primeira Guerra da Indochina, eclodida em 1946, à luz de um período de domínio francês sobre a região compreendida pelos territórios do Vietnã, Laos e Camboja. Depois que o regime comunista reunificou o Vietnã em 1975, mais de três milhões de refugiados produziram uma crise humanitária nos países da região.

Ainda sentado à mesa de meu escritório, tendo minha cadeira como um centro radial, convenço-me de que qualquer que seja a direção que minha vista tome, hei de encontrar linhas e a miséria de seus desalinhos. Consternado, baixo meu olhar. Ouço outra vez os ressoantes cascos campeiros de Florêncio e Listrado, castigando suas ferraduras contra os paralelepípedos da Campo Grande antiga. A cândida e jovem visão das linhas daquele garoto enrijeceu-se. Ficou no tabuleiro costurado de fios de lã na Feira de Ciências, nas fantasiosas imaginações sobre os paralelos e meridianos de Jandira, nas pesadas portas das sete igrejas católicas visitadas com Ercília na Sexta-Feira da Paixão.

Paixão...
Silêncio...
Outra vez o silêncio...
Meditativo, recolhido, calado... sigo enumerando mais casos.

vi Paixão que me remete à penosa e milenar disputa pela Terra Santa. Tantos muros, muralhas, passagens, túneis e linhas traçadas ao longo do tempo, dividindo o que a cobiça econômica e a intolerância social, política e religiosa insistem em preservar como exemplos de contra-paz. Paixão envolvendo estados oficiais e paralelos, em guerras e guerrilhas, que aliciam e formam terroristas, de modo lúgubre e pavoroso. Impensável para aqueles que lutam pela concórdia. Paixão que se conclui antítese do amor e da paz pela Terra Prometida e ocupada pelo grande êxodo do Egito liderado por Moisés.

Silêncio...
Ele grita...
Briga por mais espaço...

Incomoda pela fartura de casos que os relatórios da ACNUR revelam como pródigos em produzir fluxos migratórios sub-humanos de refugiados, deslocando populações fugitivas de conflitos políticos, étnicos e religiosos na África e na Ásia.

vii. A Guerra Civil e o genocídio de Ruanda de 1990 a 1994, matando de quinhentos mil a um milhão de tutsis em conflitos contra hutus, com consequências tenebrosas para o país, decorrentes de uma organização social tribalista.

viii. As duas Guerras Civis Sudanesas entre muçulmanos, cristãos e animistas em uma extensa disputa étnica e sectária que matou milhares e deslocou milhões de pessoas, levando à cisão do antigo Sudão e à criação do Sudão do Sul, em 2005. Os dois países resultantes dessa cisão ainda mantiveram conflitos em seus territórios com disputas de cunho político, étnico e religioso, como a Guerra Civil Sul-Sudanesa, encerrada em 2020, e o ainda vigente Conflito de Darfur, no oeste do Sudão.

ix. A independência da Índia, movimentando hindus e muçulmanos de um lado para outro, assassinando mais de três milhões de pessoas revoltosas, cindidas cruelmente pela religião professada entre o Domínio do Paquistão, predominantemente muçulmano nos lados oriental e ocidental da Índia Britânica, e a União Indiana, de maioria hindu, na parte central da então colônia.

x. Os decorrentes conflitos da região da Caxemira, nas fronteiras entre a Índia, o Paquistão e a China, partilhada de modo discrepante entre os dois primeiros países durante as negociações de independência da Coroa Britânica e, posteriormente, envolvendo a China em um dissenso direto com a Índia sobre uma parte menor da região.

xi. Os conflitos curdos, em uma longa luta para a criação do Curdistão, um novo estado sobre as linhas de fronteira da Turquia com a Síria, com o Iraque e com o Irã, intensamente reprimidos por esses países e pelos estados antecessores, já extintos, que ocuparam essas fronteiras.

xii. O Genocídio Armênio, em que mais de um milhão de pessoas foram assassinadas pelo Império Otomano a partir do ano de 1915, fim da Primeira Guerra Mundial.

xiii. A diáspora tibetana em ondas ao longo dos anos, dirigindo-se à Índia, ao Nepal e ao Butão, desde 1959 até hoje, decorrente da invasão e anexação do Tibete à China, promovidas inicialmente por Mao Tse Tung, líder comunista, revolucionário e primeiro presidente da República Popular da China, com o pretexto de liberação dos tibetanos do jugo da Coroa Britânica.

xiv. Os mais de cinco milhões de refugiados sírios derivados da recente guerra civil instaurada naquele país que começou por dissensões políticas, invocando a derrubada do governo do presidente Bashar al-Assad, mas que cresceu e se capilarizou, transformando-se em uma disputa que transcende a questão política e alcança a geopolítica com atores com interesses conflitantes, dentre eles os Estados Unidos da América, a Rússia e o Irã, incluindo ainda organizações terroristas como o Estado Islâmico (EI). Nesse mesmo mês de dezembro de 24, finalmente Bashar al-Assad foi apeado do poder por rebeldes sírios, levantando nova e crescente expectativa de mais refugiados sírios pelo mundo. Foram 30 anos de poder nas mãos de seu pai, o tirano Hafez al-Assad, e mais 24 anos sob a sua violenta e autócrata primazia.

Nem a Europa nem as Américas estão livres desse mal.

xv. A Guerra da Bósnia de 1992 a 1995 e o recente conflito armado entre Rússia e Ucrânia em pleno território europeu. Este último, iniciado em 2014, impulsionado pela invasão russa deflagrada em 2022, e ainda sem resolução.

xvi. O êxodo venezuelano, resultado de um regime autoritário, enchendo as ruas de cidades sul-americanas de refugiados e aumentando o fluxo migratório da Venezuela para os Estados Unidos da América, em moldes semelhantes aos refugiados cubanos para aquele país, desde a queda do ditador Fulgêncio Batista, destronado pelos revolucionários Fidel Castro e Che Guevara em 1959.

xvii. O fluxo contínuo de bolivianos em direção ao Brasil, especialmente para a cidade de São Paulo, para ocuparem-se em confecções e na indústria têxtil, sem necessariamente estarem cobertos pelas leis de proteção trabalhista do país em função da ausência de papeis oficiais migratórios.

xviii. A longa e penosa travessia de tantos outros latino-americanos, não somente os venezuelanos e cubanos, afunilados nas passagens clandestinas da fronteira norte do México, em busca de melhores condições sociais e trabalhistas nos Estados Unidos da América.

O silêncio permanece...
Engasgado...
Afogado...

xix. As tantas vidas perdidas em botes repletos de seres humanos, incluindo mulheres, anciãos e crianças, à deriva em alto-mar, emborcados por tempestades, secando ao gosto do sol e do sal até o último fio de vida. Rara e milagrosamente podem ser encontrados por patrulhas de guardas-costeiras ou navios mercantes. Os refugiados cortam o Mar Mediterrâneo em direção aos países da União Europeia em três rotas principais: a rota do Mediterrâneo Central, ligando a Líbia em direção à ilha italiana de Lampedusa, a Malta ou ainda às regiões italianas da Sicília e da Calábria; a Rota do Mediterrâneo Oriental, com um potente fluxo de pessoas que saem do Oriente Médio, atravessam a Turquia para alcançarem a Grécia, o Chipre ou a Bulgária; e a Rota do Mediterrâneo Ocidental, que liga o Norte da África aos países ibéricos por meio do Estreito de Gibraltar ou até mesmo ingressando nos enclaves espanhóis em território africano do Marrocos, nas cidades autônomas e muralhadas de Ceuta e Melilla. Os botes à deriva ainda são encontrados no Oceano Atlântico entre a costa ocidental da África e as Ilhas Canárias, na Espanha. Também no Estreito da Flórida entre Cuba e os Estados Unidos. Foi no Sudeste Asiático, nas décadas de 1970 e 1980, que o termo *boat people*[71] nasceu. Foi cunhado para identificar os milhares de refugiados vietnamitas que deixavam seu país, logo após a Guerra do Vietnã, afogando-se em busca de uma improvável perspectiva de vida.

Linhas atuais ou passadas, que queimam ou queimaram vidas, que provocam dores e cicatrizes profundas, igualmente inesquecíveis. São incontáveis ao longo da história. Em todas elas encontramos, paradoxalmente, olhos de esperança e de desesperança, de crença e de descrença, dos que resistem e dos que sucumbem. Encontramos também a dignidade de quem ajuda o enxame de fustigados a se reconstruir e a indecência absurda de quem se aproveita deles.

Sabemos que uma profusão de outras linhas ainda chegarão, que novos desafios emergirão vindos dessas linhas de fios tão cortantes. São imparáveis. São rastilhos de pólvora queimada ou por queimar,

---
[71] Do inglês: pessoas de barco.

muito difíceis de serem extintos ou desarmados. Seria melhor estender linhas que conectam e que aproximam às que separam, desirmanam, dissociam, apartam, dividem, isolam ou mesmo matam.

O sentido que todos esses dados dos relatórios da ACNUR me dão é o de remate. De longas histórias das quais Marjorie e eu somos testemunhas e atores humildemente coadjuvantes no apoio ao combate das causas e dos efeitos e, principalmente, no acolhimento e reerguimento de seres humanos atingidos.

Seguiremos perseguindo a criação e o estabelecimento de rotas, de linhas, em que os protagonistas tenham a destreza de se reinventarem, abrindo caminhos que ressignifiquem suas vidas, redirecionem seus propósitos e aproveitem a vida com a sabedoria de quem sabe tirar o melhor proveito dela, tal qual Ercília.

O silêncio de reflexão sobre a vida de refugiados é audível, estrondoso e ensurdecedor. É constante. É, acima de tudo, constrangedor. A humanidade já deveria ter mecanismos mais apurados para evitar tantas linhas que criam desalinhos.

São Paulo e Itu, setembro de 2023 a dezembro de 2024.

NOTAS DO AUTOR

Devo reconhecer que minha infância esteve impregnada de elementos da cultura hispânica, misturados às culturas dos povos indígenas e locais que habitaram a região do sudoeste de Mato Grosso do Sul e do Paraguai. Minhas origens estão aí. Ainda que meus avós paternos sejam italianos e toda a minha família desse ramo guarde os costumes mediterrâneos, emigraram, despediram-se das serras e praias da Calábria para aportarem no Brasil e deslocarem-se de Santos até Campo Grande. Lá encontraram esse caldo de culturas que abraçaram. Meu pai, quando jovem, ainda solteiro, chegou a morar em Concepción, no Paraguai, abrindo seu próprio negócio de transportes de cargas e esquivando-se, assim, da possibilidade de uma alistamento militar obrigatório na Força Expedicionária Brasileira — FEB — que o levasse à Segunda Guerra Mundial, na Itália, para matar os concidadãos de seus pais ou na mão deles morrer. À sua maneira, foi um refugiado cuja opção nunca fugiu à paz. Não falava o guarani, mas compreendia-o perfeitamente. Eram muitas as expressões idiomáticas faladas no espanhol e no guarani em família. Desde pequeno, ouvia meus parentes usarem e abusarem da língua produzida pela mistura do guarani com o espanhol. As músicas que ouvia em minha infância eram as polcas paraguaias, as guarânias, os tangos ou os boleros. A influência da fronteira, com rodas de viola, é muito grande. Não se apaga; pelo contrário, aviva-se à medida que amadureço.

Esta é uma obra de ficção, mas recheada de inspirações e alguns fatos verídicos das personagens que dão plena legitimidade a muitos sentimentos. Se cometi alguma transgressão com algum acontecimento histórico ou costumes que cortam o roteiro da obra, peço a mercê dos meus leitores. O curso da narrativa obedece a fatos da história do Paraguai e do Brasil e tem o propósito de reconhecer o alto valor que atribuo às pessoas que são compelidas ao desterro, que abandonam suas casas e seu modo de vida como única e última forma de sobrevivência e, sobretudo, redefinem, exitosamente, sentido em suas vidas. É um livro carregado de histórias de bravura de pessoas acometidas por interesses recônditos e alheios que, quando revelados, mostram a odiosa face da intolerância. Sempre acreditei que os tantos europeus e asiáticos que recebemos no Brasil estiveram muito mais ligados a uma imigração de esperança; sim, esperança de horizontes de vida melhores, que dessem volta à guerra, à fome, à falta de trabalho e à perseguição política, étnica ou racial, do que a qualquer outra razão. Ninguém abandona facilmente seu torrão, deixando tudo para trás, se não for por uma razão de força. Muitos dos descendentes desses imigrantes não se dão conta de que seus ancestrais vieram da exata dimensão de um refúgio, da busca de um novo lugar para viverem em paz.

Com Karina, minha esposa, tive a oportunidade de conhecer algumas das tantas linhas que separam ou separaram pessoas no mundo, estudar as duras realidades que elas produzem ou produziram e refletir. Na lista de nossas visitas, estão: o Muro de Berlim, a Zona Desmilitarizada das Coreias, as fronteiras da Cisjordânia, a divisa do México com os Estados Unidos e Soweto (South Western Townships ou Bairros do Sudoeste), em Johannesburgo, na África do Sul. As reflexões que colecionamos nessas visitas só fizeram aumentar nosso respeito por refugiados e por suas histórias.

AGRADECIMENTOS

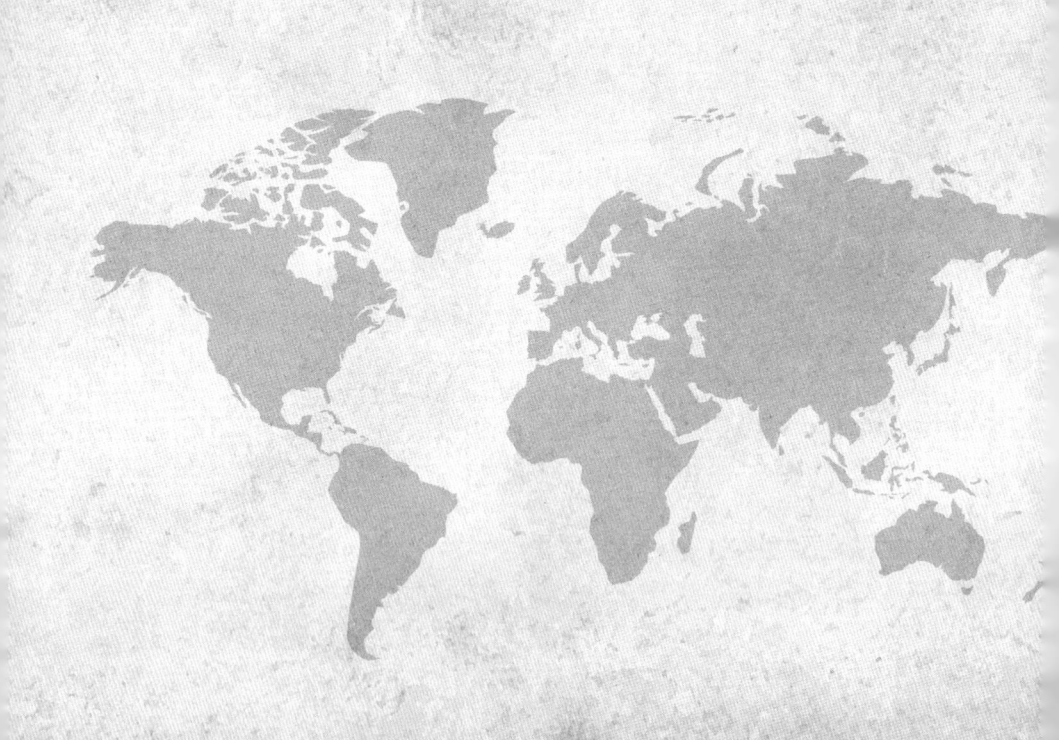

Meus agradecimentos às minhas referências da fronteira do Brasil com o Paraguai. A meus avós, Ercília Recalde Castro e Carlos Villa. A meus pais, Luzia Sara Villa Maimone e Jaime Maimone, a quem devo a inoculação desta rica mistura de culturas que levo comigo e que me presentearam com os afluentes e valiosos pedaços deste enredo.

Agradecimentos ainda mais intensos a minha esposa, Karina Pacheco de Castro Alonso Maimone, que emprestou, assim como eu, os nomes que nossos pais cogitaram nos dar quando nascemos, Marjorie e Filipe, cirurgicamente adotados no livro para descreverem a cumplicidade que nutrimos desde que nos conhecemos. Karina foi incansável em me estimular a escrever e publicar o livro, ancorando sua sensibilidade aguçada ao texto.

Às nossas três filhas, Heloísa, Letícia e Isabela Alonso Maimone, a quem passamos a formação de respeito a todos os seres humanos e de reconhecimento de suas histórias, presentes e passadas, de modo reverente e indistinto. A elas agradeço o coro entusiasmado pelo sucesso desta empreitada.

Aos meus amigos que se dispuseram a contribuir com suas leituras sobre os originais da obra propondo ajustes, identificando incorreções e buscando a excelência que os meus olhos não puderam ver: Arlete Saddi Chaves, Durval Portela, Eduardo Lunardelli Novaes, Marcelo Cioffi, Marco Castro e Meily Franco.

Às minhas raízes, a minha saudosa cidade morena de Campo Grande, dedico os versos de uma conhecida guarânia paraguaia, como minha oração de quem a deixou há mais de quarenta anos. Foi escrita pelo poeta Manuel Ortiz Guerrero, com música de José Asunción Flores. Quando a ouço, ainda hoje, tenho sempre a companhia encordoada em minhas lembranças dos meus queridos pais e avós.

Mombyry asyetégui aju nerendápe romomorã seguí
ymaite guivéma reiko che py'ápe che esperansami

De muito longe venho junto a ti, minha querida, para ponderar
Há muito você vive em minha alma, em minha esperança e em minha fé.

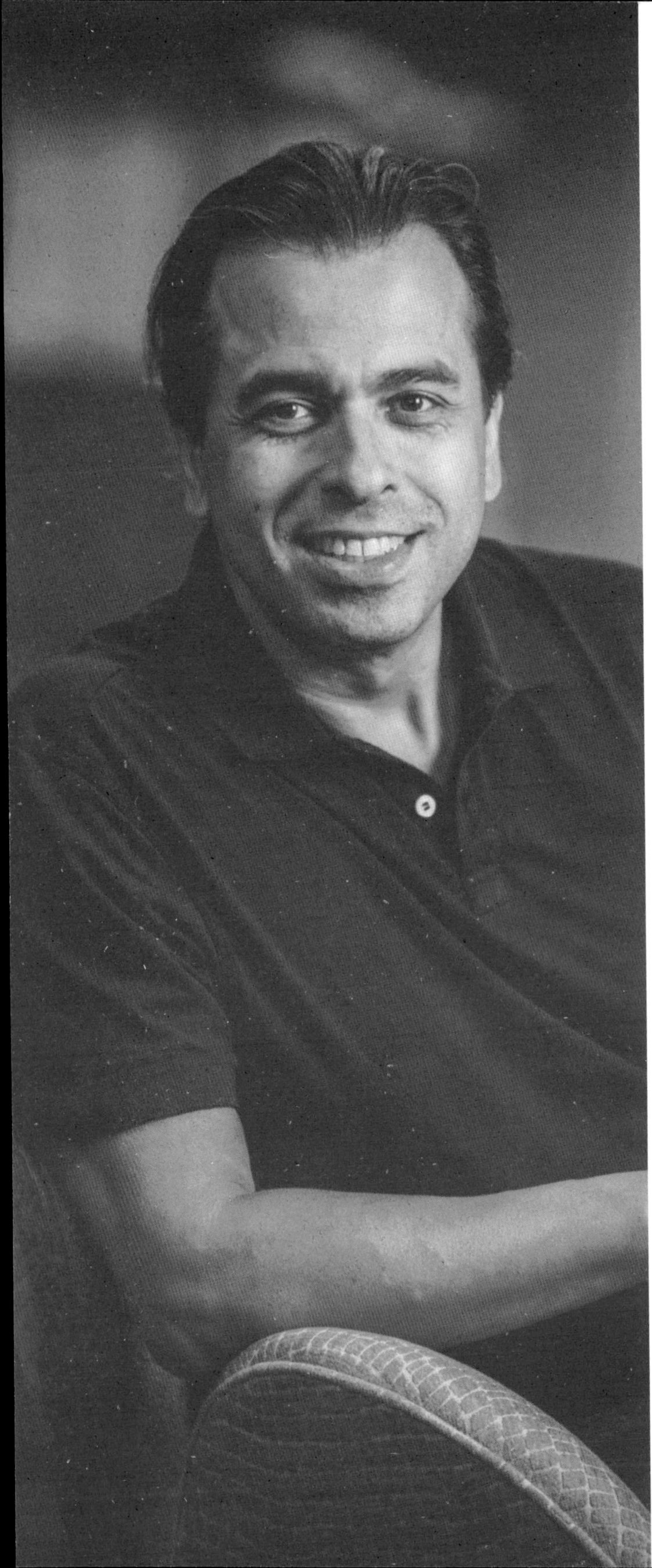

SOBRE O AUTOR

HÉRCULES MAIMONE

Nascido em Campo Grande (MS). Casado com Karina e pai de Heloísa, Letícia e Isabela. Graduado em Tecnologia pela PUC do Rio de Janeiro. Executivo atuando há mais de 30 anos em grandes empresas. É apaixonado pela família, pelo trabalho, pela literatura, pelas artes, por viagens e pelos esportes. Também é autor do livro *A vida segue, Bela!*.